带着文化游名城——

老西安记忆

岳大鹏 编著

当代世界出版社
THE CONTEMPORARY WORLD PRESS

图书在版编目（CIP）数据

老西安记忆 / 岳大鹏著 . -- 北京：当代世界出版社，2016.11
（带着文化游名城）
ISBN 978-7-5090-1174-4

Ⅰ . ①老… Ⅱ . ①岳… Ⅲ . ①文化史—西安—通俗读物 Ⅳ . ① K294.11-49

中国版本图书馆 CIP 数据核字（2016）第 289839 号

老西安记忆

作　　者：	岳大鹏
出版发行：	当代世界出版社
地　　址：	北京市复兴路 4 号（100860）
网　　址：	http://www.worldpress.org.cn
编务电话：	（010）83908456
发行电话：	（010）83908410（传真）
	（010）83908408
	（010）83908409
	（010）83908423（邮购）
经　　销：	新华书店
印　　刷：	北京时捷印刷有限公司
开　　本：	710mm×1000mm　1/16
印　　张：	16.5
字　　数：	230 千字
版　　次：	2017 年 3 月第 1 版
印　　次：	2017 年 3 月第 1 次
书　　号：	ISBN 978-7-5090-1174-4
定　　价：	39.80 元

如发现印装质量问题，请与承印厂联系调换。
版权所有，翻印必究；未经许可，不得转载！

前　言

西安是一座历史悠久的城市,已经有一百万年的"高龄"。早在远古时期,就已经有蓝田古人类在这里活动。到了距今7000年前,仰韶文化诞生在了这处美丽的地方,而城垣的雏形也逐渐形成。中国进入封建社会之后,从西周开始,西安作为中国的政治文化中心长达1100多年,有13个朝代在此建都,历史文化名城实至名归。

西周时期,西安被称为"丰镐"。当时,周文王和周武王分别建造了丰京和镐京,而丰镐的得名便是取自"丰京"和"镐京"的第一个字。武王伐纣之后,商代结束,周王朝正式登上历史舞台,而西安也开始了都城之旅,成为了周王朝的都城。

秦朝时期,诞生了被誉为"世界八大奇迹"的兵马俑,它的发现把西安这座城市烘托得更加厚重。兵马俑位于如今的西安市临潼区,《带着文化游名城——老西安记忆》中对于兵马俑也有详细的介绍,可以带您进行深入的了解。

公元前202年,刘邦在和项羽的争夺中取得最后的胜利,成功建立西汉王朝,而西安又一次成为上天的宠儿,被选为都城,在很长时间内都是全国的政治经济和文化中心,在历史上占有非常重要的地位。

隋唐时期,经过长期的建造,长安城中的建筑已经极具规模,把封建社会巅峰时期的宏伟气魄充分体现出来,布局整齐、东西对称,这在中国建筑史、城市史上产生了巨大影响。

五代时期，西安数次更名。元朝时，马可·波罗曾游历至此，对西安赞誉有加。明朝时期，京兆正式被更名为西安，而现在的西安格局也处处透露着明朝的时代气息。清朝时，西安城内并没有多大的变动，设置依旧，只是在城东北和城东南分别修建了满族和汉军驻防城。据说，庚子之变时，慈禧和光绪曾逃到西安，居住时间长达一年。

民国时期，中国共产党在陕北地区建立起苏维埃政权，西安则成为国民党的重要前线。1936年底，在这里发生了著名的西安事变，成为全国走向抗日民族战争的转折点。1949年，西安解放。中华人民共和国成立之后，西安被定为陕西省省会。

这就是西安的历史，一个充满深厚文化底蕴的城市，您想要对这座城市有更深的了解吗？《带着文化游名城——老西安记忆》会带着您走进西安，让您对西安有个全方位的了解。值得一提的是，本书带有强烈的趣味性，在每章下还分有很多小节，每个小节的题目以问题的方式为您呈现，如"西安最早的原始居民是谁？""禅经寺为何会有阎王殿的称号？""腊月二十三这天为何要送亮？""贵妃鸡翅与杨贵妃有何关系？""老子真的在终南山上讲过《道德经》吗？""韩信真的被埋葬在灞桥附近吗？"等，这些问题，书中会通过故事性的描述为您一一解答。

目 录

开 篇

出行前的准备   2

    老西安的历史   2

    西安独有的特色   3

    西安最佳的旅游季节   4

    西安少数民族小科普   5

    来西安需要了解的方言   5

老西安的历史与城门楼

西安的历史   8

    历史上的老西安都有哪些称谓   8

    西安究竟是几朝古都   9

    历史上的咸阳和长安是什么关系   11

    西安最早的原始居民是谁   12

    唐朝以后为何都城都不选在西安   14

    西安与辛亥革命有着怎样的渊源   16

    您了解历史上著名的西安事变吗   18

老西安的钟楼为何要迁移	19
西安真的有龙脉吗	20
唐朝的长安城是现在西安城面积的几倍	21
唐朝时西安最高的地方是哪里	22
"八水绕长安"指的是哪八水	23
"唐人"这一名称与长安城有何关系	25

老西安的城门楼　26

您知道古西安有几座城门吗	26
老西安城墙是在什么历史背景下修筑的	28
老西安城墙上的角楼为何"三方一圆"	29
西安城墙上的"马面"是什么建筑	30
西安最古老的一座城门是哪座	31
朱雀门因何得名	32
小南门指的是哪座城门	33
含光门是至今保存最完整的遗址吗	34
安定门为何开在西安城的西边	36
玉祥门与冯玉祥有何关系	37
中山门与孙中山有何关系	38
文昌门是一座与防御无关的城门吗	39
老西安曾经真有两座玄武门吗	40
西安城中体现出儒家思想的是哪四座门	41

老西安的古寺

老西安的古寺　44

大慈恩寺是唐高宗李治为追念母亲而修建的吗	44
大慈恩寺内的大雁塔是因何而得名的	45
大雁塔真的是座斜塔吗	47
大雁塔下的地宫内真的藏有玄奘取经时带回的珍宝吗	48
荐福寺的修建与唐高宗的死有何关系	49
香积寺中的"香积"是什么意思	51

兴教寺两座舍利佛塔的传说	52
大兴善寺的修建源于一场宫廷政变吗	54
卧龙寺与诸葛亮有关系吗	55
宝庆寺塔为何又称"花塔"	56
牛头寺为何会有这样一个奇怪的名字	57
罔极寺中的"罔极"是什么意思	59
禅经寺为何会有"阎王殿"的称号	60
周懒王斩龙脉的故事发生在圭峰寺吗	61
清凉寺和连战有何关系	62
草堂寺里的烟雾井是怎么回事	64
青龙寺里为什么广植樱花	65
西安城隍庙有多么重要的建筑价值	66
天下三大"都城隍庙"你知道都是哪些吗	68
为什么说丰德寺是关中一大名胜古迹	69
悟真寺是佛教净土宗发祥地吗	70

老西安的民俗特色

老西安的节日特色   74

"煮五豆"与腊八粥是同一回事吗	74
老西安人也有"吃腊八"的习俗吗	75
腊月二十三这天为何要"送灶"	76
"蒸馍馍"是老西安人哪天的习俗	77
老西安人是如何过除夕的	77
大年初一这一天老西安都有哪些禁忌	79
西安的"小年朝"指的是什么	79
老西安人正月初五都有哪些习俗	80
老西安人为何要过"马日"	81
老西安人正月初十为何又被叫做"看天管物"	82
老西安人是如何过正月十五的	82
您了解老西安人是如何过填仓节的吗	83

老西安人过清明节为何要吃咸馓子	84
老西安人是如何过端午节的	85
老西安的中秋节有哪些习俗	86
老西安人是怎么过重阳节的	87

老西安的美食　　　　　　　　　　　　　　89

羊肉泡馍真的是赵匡胤发明的吗	89
葫芦头泡馍是用葫芦做的吗	90
西安金线油塔是一座塔吗	91
您会写Biangbiang面中的Biangbiang两个字吗	91
石子馍是用石子做的吗	93
西安凉皮为何会成为皇家贡品	93
荞面饸饹的发明与教场门有何关系	94
水晶饼一名的由来真的与寇准有关吗	95
贵妃鸡翅与杨贵妃有何关系	96
太后饼是因哪位太后而得名的	97
老西安人立春时要吃哪样食品	98
被老西安人誉为"六月鲜"的是哪种美食	99
三皮丝为何会有这样一个奇怪的名字	100
搅团是诸葛亮发明的吗	101
您了解西安的"饺子宴"吗	102
粉汤羊血为何成为西安名小吃	103
岐山臊子面是用什么做臊子的	104
枸杞炖银耳真的是张良发明的吗	104
烩麻食是一种怎样的食物	105
锅盔馍是如何发明的	106

老西安的土特产　　　　　　　　　　　　　108

您见过西安的仿唐三彩吗	108
西安鱼化陶哨是一种哨子吗	109
您知道什么是碑石拓片吗	109
蓝田玉真的出产于西安吗	110
蓼花糖是慈禧起的名吗	111
临潼火晶柿子有着怎样的故事传说	112

琼锅糖是由谁发明的 　　　　　　　　　　　　　113
黄桂稠酒是李白当年最喜欢喝的一种酒吗　　　114
西安剪纸为什么被誉为文化"活化石"　　　　115

老西安的名山胜水人文景观

西安的名山胜水　　　　　　　　　　　　　118

老子真的在终南山上讲过《道德经》吗　　　118
您知道翠华山的"四奇"是哪四奇吗　　　　119
女娲曾经真的生活在骊山上吗　　　　　　　121
"烽火戏诸侯"的典故发生在哪儿　　　　　122
药王山是因孙思邈而得名的吗　　　　　　　123
华山这个名字到底是因何而来的　　　　　　124
太白山为何被称为一座宗教名山　　　　　　126
华山东峰的"仙掌"是如何留下的　　　　　128
骊山晚照有何奇妙之处　　　　　　　　　　130
骊山晚照是否真的存在　　　　　　　　　　131
太白山的积雪为何常年不化　　　　　　　　132
首阳山的历史典故　　　　　　　　　　　　134
咸阳古渡为何被称为"秦中第一渡"　　　　136
您知道"滋水"指的是哪条河吗　　　　　　137
昆明池与汉武帝有何渊源　　　　　　　　　139
化女泉有什么传说　　　　　　　　　　　　140
上善池的传说故事　　　　　　　　　　　　141

西安的人文景观　　　　　　　　　　　　　143

莲湖公园真的是朱㭎开发的吗　　　　　　　143
黑河国家森林公园的美丽传说　　　　　　　144
兴庆宫公园曾经真的是李隆基的旧宅吗　　　146
九龙潭风景区为何会有"小华山"之称　　　148
您知道朱雀森林公园里都有哪些好玩的地方吗　148
终南山是道教的发祥地之一吗　　　　　　　150

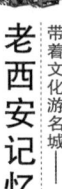

杨贵妃曾在华清池沐浴过吗	151
容珍聚宝的上林苑是怎么被湮没的	151
陕西历史博物馆为何被称为"华夏珍宝库"	153
半坡博物馆建造于半坡遗址吗	154
关中民俗艺术博物院是由王勇超先生创办的吗	154
关中民俗艺术博物院中藏有"地上兵马俑"吗	155
秦陵地宫展览馆是根据司马迁的描述建造而成的吗	156
扁鹊是针灸的发明者吗	157
蔡文姬是在怎样的情况下作出《胡笳十八拍》的	157
武则天是唐代女性的代表吗	158
西安博物院院标是以小雁塔为设计元素的吗	159
西安博物院和陕西历史博物馆的主体建筑设计者是同一人吗	160
西安市民曾参与了大明宫国家遗址公园的建设吗	161
陕西自然博物馆是如何展现"日月同辉"的	162
临潼博物馆中藏有"释迦如来舍利宝帐"吗	163
西安秦砖汉瓦博物馆中的"秦砖汉瓦"是指什么	164
西安秦砖汉瓦博物馆中藏有"四神瓦当"吗	165
西安碑林博物馆中藏有"昭陵六骏"吗	165
寒窑遗址中留传着怎样的爱情故事	166
寒窑遗址中的思夫亭和三姐泉因王宝钏得名吗	167

老西安的传奇地名、名人故居与帝王古墓

老老西安的传奇地名 　　　　　　　　　　　　170

朱雀大街到底有多宽	170
汉武帝走到下马陵时为何要下马	171
安居巷是曾经的"银行"所在地吗	173
东仓门是一座城门吗	175
景龙池与李隆基有何渊源	176
五味十字街这个名字是因何而来的	177
书院门到底是一座城门还是一条街道	178
三学街中的"三学"指的是什么	179

案板街是一条买卖案板的街道吗	181
甜水井街上真有一口甜井吗	182
韩信真的被埋葬在灞桥附近吗	183
粉巷的名称有何来历	185
骆驼巷名称的由来与骆驼有关系吗	186
东厅门因何而得名	187
饮马池与汉高祖刘邦有何渊源	188
柏树林因何得名的	189
桥梓口是不是一座桥	190
洒金桥上真的下过一场"金雨"吗	190
明代的端礼门为何成了清代的"端履门"	191
药王洞名字的由来与孙思邈有关吗	192
灞桥上曾发生过什么传奇故事	193
金花路有什么传说	194
迎祥观中有什么离奇的传说	195
窦府巷有什么传说	196

老西安的名人故居   197

杜公祠知多少	197
高家大院有何独特的建筑风格	198
您了解于右任在西安的故居吗	199
不可不知的张学良公馆	200
杨虎城止园旧居为何多次改名	201
寻觅王维故居	203
蒋介石的西安故居	204

帝王古墓   206

黄帝陵广种古柏的传说	206
秦始皇兵马俑是由谁设计建造的	208
究竟是谁发现了秦始皇兵马俑	209
兵马俑的地宫里为何会有大量的水银	211
兵马俑的士兵为何都不戴头盔	212
到底是谁焚烧了兵马俑中的一号和二号俑坑	214
兵马俑中的"神剑"为何两千年不折	215

秦始皇棺椁是铜制还是木制	216
秦始皇陵地宫内到底设有几道门	217
秦始皇陵地宫内真的装有自动发射弩吗	218
秦始皇的遗体是否保存完好	218
汉武帝茂陵为何被称为"中国的金字塔"	219
汉武帝茂陵中都出土了哪些国宝	221
元斡尔垛遗址中竟然出土了"幻方"	222
唐朝共有21位皇帝,为何西安只有唐十八陵	223
唐献陵是如何选址的	224
唐昭陵是由谁设计建造的	225
唐乾陵里为何埋葬了两位皇帝	226
唐桥陵的主人为何两次登基做皇帝	227
唐泰陵的整体设计真的与长安城很相似吗	228
您听过唐崇陵石马泣血的故事吗	229
唐昭陵的选址有何玄机	230
简陵是安葬谁的陵墓	231
靖陵是末代唐陵吗	232
顺陵所葬并非帝王吗	233
您听说过西安也有明十三陵吗	234
老子墓里只有一块头盖骨吗	235
是谁被曹操拿金璧赎回来的	237
发掘姜寨遗址最重要的收获是什么	238
鼎湖延寿宫遗址有何奇观	239
兴庆宫原是谁的藩邸	240

附 录

名胜古迹TOP10	242
名山胜水TOP8	245
美食小吃TOP10	248

开 篇

出行前的准备

旅游对于很多人来说是一种放松心情的最佳选择，不管到哪旅游都必须了解它悠久的历史、独有的特色、最合适的旅游季节、所在地的民族禁忌以及当地的方言。这样不仅能够给你的旅程带来很多方便，还会让你理解它独有的历史文化，这要比那种简单拍照留念的旅游方式有趣得多，有意义得多。那么，西安作为一座全国著名的旅游城市，需要你做哪些准备呢？

首先要了解它的历史，因为只有读懂这座城市的前世才能更好地了解它的今生；其次它独有的特色也有必要了解，如果你知道了它的特色，那么你将会有目的地旅游；再次选择一个合适的季节来这里更是重中之重；最后理解这个地方的民族分布和他们的生活禁忌，会给你的旅途减少不必要的麻烦，以及在那里跟当地人学几句有意思的方言，岂不是更加有趣？

老西安的历史

西安是陕西省省会，是陕西省政治、经济、文化的中心，也是中国重要的科研、教育和工业基地，西部地区重要的中心城市，国家历史文化名城。西安的悠久历史，最早可以追溯到100万年前的蓝田古人类，除此之外，距今7000年前的仰韶文化是中华文明的重要组成部分。自周朝以来，曾有十三个朝代在此建都，古都之名实至名归。不仅如此，西安在世界范围内也是有名的古都，与雅典、罗马、开罗并称为世界四大古都。

西安是一座人才汇聚的城市，从古至今，这座城市滋养了各方面的人才。作为一座十三个朝代的古都，西安出现了很多有名的政治家，如周武王、秦始皇、汉高祖、汉武帝、唐太宗、武则天等。这些古代杰出的政治家，在历史上写下了浓重的一笔。还有文学方面的名人，如著名诗人李白、杜甫、白居易、王昌龄、柳宗元等，为后人留下了大量珍贵的诗篇佳作。除此之外，很多其他方面的名人，如吴道子、玄奘、钟馗、范仲淹、李靖等也都驻足过这里。

西安独有的特色

旅游最主要的目的就是放松身心，如果来到一个陌生城市却不了解这座城市独有的特色，那会让旅游变得枯燥，让旅途变得很乏味。为了避免这些问题，一定要了解这座城市的独有特色。那么最能代表西安特色的东西是哪些呢？

兵马俑

作为"世界八大奇迹"之一，兵马俑在某种角度来说，已经成为西安的象征。来到展厅，首先给人带来的便是视觉上的冲击，兵马俑规模极其宏大。这些和真人战马一样尺寸的兵马俑，制作相当精致细腻，将两千年前中国人民精湛的手工技艺表现得淋漓尽致。

秦 腔

秦腔又被称之为"乱弹",是陕西地区的地方戏曲,也是非常古老的汉族剧种。到了现在,秦腔已经成为西安戏剧文化的重要组成部分,所保留的剧目据统计约三千个,在各个剧种中都极为少见。秦腔声调高昂激扬,表演唱做并佳,深受人们的喜爱。如果您喜欢戏剧的话,可千万不要错过。

美食小吃

来到一个新的地方,品尝当地的美食小吃是必不可少的一个环节,而西安的美食小吃带有浓郁的西北风情,极具当地特色,非常值得品尝。西安比较有名的美食小吃有西安人钟爱的羊肉泡馍,还有非常有名的"西安饺子宴",除此之外,还有梆梆面、炒粉鱼、锅盔等,这些都是西安美食小吃的代表。

西安比较有名的经营羊肉泡馍的餐馆有老孙家羊肉泡馍、西关牛羊肉泡馍馆、春发生泡馍馆等。而西安饺子宴的首创者则是西安解放路饺子馆,除此之外,天津饺子馆、永新饺子馆等其他餐馆也极具特色。

西安最佳的旅游季节

西安属暖温带半湿润大陆性季风气候,四季分明,气候温和,雨量适中。春季温暖、干燥、多风;夏季炎热多雨,多雷雨大风天气;秋季凉爽,气温速降,秋淋明显;冬季寒冷,多雾、少雨雪。

根据西安的气候特点,春天来西安旅游是最佳的季节,此外秋天也是不错的选择。

西安少数民族小科普

西安是个多民族散杂而居的城市，共有53个民族成分，其中少数民族52个。根据不完全统计，少数民族的人数占全市人数的1.1%，而回族在少数民族中人数最多，比例高达68.3%。

西安共有九区四县，各个地区都有少数民族居住，其中，莲湖、新城以及碑林所居住的少数民族人口最多。

回　族

回族人民在饮食中，面食作为主食要多过大米。他们对于面食制作非常精通，面食经过他们的制作，往往会变成待客的美味佳肴。回族是一个特别喜爱吃牛羊肉的民族，所以牛羊肉在菜肴中占有很大比重。除此之外，甜食在他们的饮食中也占有一定的地位。

茶是回族人民生活中的重要组成部分，既是回族人民日常生活中的饮品，又是接待客人的珍贵饮料。当有客来到，热情的回族人民首先会奉上一杯浓香四溢的茶。值得注意的是，当主人敬茶的时候，客人不要客气，更不能一口不喝，那样会被认为是不礼貌的表现。

来西安需要了解的方言

西安方言也被称为关中方言，是陕西话的代表。西安作为一座历史悠久的都城，其方言也极具特色，如影视剧中"额滴神啊"便是出自西安方言。人们来到西安旅游，如果学上这么几句西安话，岂不妙哉！

生活中常用的西安方言：

昨天——夜儿个

前天——前儿个

后天——后儿个

搞定——碟活

不舒服——木乱

差劲——马卡

吃饭——碟饭

我——额

没问题——末马达

啥——嘛

咱们——擦

是不是——四不四

眼睛——念窝

没事——末似

老西安的历史与城门楼

西安是中国四大文明古都之一，这里可以说是帝王之家，从西周到唐朝，中国古代历史长河中最为辉煌的一段都跟西安有着千丝万缕的关系。因此，说起西安就不得不说一说它的历史，历史上的老西安是什么样子的？老西安城里真的有传说中的龙脉吗？它的十八座城门都曾经上演了哪些波澜壮阔的历史掌故？了解了它的历史不仅会给你的旅游带来更深层的放松，还能让你了解它的古往今来。

西安的历史

历史上的老西安都有哪些称谓

西安,现今陕西省省会,位于中国版块的内腹之地。它是举世闻名的世界四大文明古都之一,也是中国历史上建都时间最长、建都朝代最多的城市。它不仅孕育着历史文化的结晶,还传承了中华文明,并且还是丝绸之路的起点。对于这么一个充满着历史气息的大都市,人们对它在各朝代的称谓都感到非常好奇。然而在历史长河中这里都有些什么名称呢?

明代长安压印

顺着历史的发展,西安的称谓也随之发生了改变。丰京(周)—镐京(周)—咸阳(秦)—长安(汉)—常安(新莽)—常安(南北朝)—大兴(隋)—长安(唐)—长安(后梁)—长安(后唐)—长安(宋:注"永兴")—长安(元)—长安(明)—长安(清)—长安(中华民国)—西京(中华民国)—西安市(中华人民共和国)。

在西周时期,西安当时被称为"丰镐",它是根据周文王和周武王分别修建的丰京和镐京，从而将它们融合在一起的统一称呼。在当时的"丰镐"所在地区称为"宗周"。秦时，秦始皇把它称之为"内史"，也就是说相当于内务府一样。至西汉初年，项羽战败，刘邦定都关中为王，并且建筑新的宫殿，取名为"长安"，意思就是表达汉朝统治能够"长治久安"，随后改长安城所在地区为"京兆"，意为"京畿之地"。随着丝绸之路的开通，"长安"渐渐成为东方文明的中心，便出现了"西有罗马，东有长安"这一说法。到了隋朝的时候，隋文帝把它改名为"大兴城"。到了唐朝时，唐太宗李世民为匡扶大唐江山，又恢复"长安"之名，希望沿袭长治久安繁荣昌盛。至元代，忽必烈拥兵入关，当时在忽必烈统治下的"长安"丧失首都地位，并把"长安城"所在地"京兆府"改为"奉元路"。明朝改"奉元路"为"西安府"，"西安"之名由此而来。

在周以前，西安曾长期是古代中国的政治、经济与文化中心，并历来为地方行政机关——州、郡、府、路、省和长安、咸宁两县的治所。在多数朝代，西安都属于郡、府级建制。随着中华人民共和国的建立，西安被国家正式改为陕西省的省会，从此停用"长安"这一命名，为它画上了一个圆满的句号。

西安究竟是几朝古都

西安是我国著名古都之一，这已获得广泛认同并且是不可置疑的事实。但到底有多少朝代在西安定都呢？这个问题近年来在学术上颇有争议，众说纷纭。有的说十朝、十二朝，还有的说十三朝，甚至更有人考据说有二十一朝，这些林林总总加起来最起码有12种说法，但是常见的并且较为典型的有以下四种。

其一，十朝说。这一学说是最初的倡导者兼历史学家武伯纶先生的观点,他于1979年和1984年在自己编写的《西安历史述略》一书中,清晰明确地列举了在西安定都的十个朝代,并注释了各朝代定都的时间。这十个朝代分别是西周时期(公元前1146年—公元前771年)、秦始皇时期(公元前221年—前207年)、西汉时期(公元前202年—公元84年)、前赵统治时期(公元304年—公元329年)、前秦时期(公元350年—公元394年)、后秦时期(公元384年—公元417年)、西魏时期(公元535年—公元556年)、北周(公元557年—公元581年)、隋(公元581年—公元618年)、唐(公元618年—公元907年),前后累加计算各朝代在西安定都时间共1062年。

其二,十七朝说。是由历史地理学家史念海教授提出来的。在1990年,他在《中国古都概说》一文中提出,将西安市定为我国唯一的一座历史

古代长安图

上建都历时千年以上的古都。并将他认定的在西安建都的17个朝代清楚地列举出来,其分别是:镐,西周都,268年;咸阳,秦都,145年;长安,西汉都,208年;长安:新莽都,15年;长安:汉(刘玄)更始都,3年;长安:赤眉都,2年;长安:东汉献帝都,6年;长安:晋惠帝愍帝都,7年;长安:前赵都,10年;长安:前秦都,35年;常:后秦都,32年;长安:西魏都,23年;长安:北周都,25年;长安:隋都,26年;长安:唐都,266年;长安:齐(黄巢)都,4年;长安:大顺(李自成)都,2年。十七朝建都时间共1077年。

其三,十四朝说。这一观点由统计学家王书勋在1992年出版的《对西安历史上建都朝代和时间的统计研究》一文中提出。他是在武伯纶"十朝说"里面列举朝代的基础上,增加了新、东汉(献帝)、西晋

（愍帝）、周（武周）4个朝代。在文中列有《西安建都朝代统计表》，对所确定的十四个朝代在西安建都的起止年代一一列明，并计算得出在西安建都的时间是1158年。

其四，十三朝说。由历史学家牛致功教授于1993年著文论定。他在《关于西安建都的朝代问题》一文中，清楚地列举了十三个朝代在西安建都的时间，其分别是西周、秦、西汉、王莽建立的新朝、东汉、西晋、前赵、前秦、后秦、西魏、北周、隋、唐朝，先后建都时间约为1140年。并且在这一文中，牛教授肯定了西周、秦、西汉、前赵、前秦、后秦、西魏、北周、隋、唐十个朝代在西安建都"是没有争议的"之后，论定王莽建立的新朝与东汉献帝被胁迫到长安，以及西晋愍帝在长安称帝均应视为在长安建都，同时还阐述了北魏孝武帝西奔长安与武则天所建周不应视作在长安建都的理由。

"十三朝"学说因所论历史依据充分，所以是目前得到众学者、官方和史学界公认的建朝数。

历史上的咸阳和长安是什么关系

西安古称长安，根据历史记载，现今的西安市和咸阳市隶属于同一座城市。查阅我国古代历史可知，咸阳与长安的关系很是微妙，展开中国地图，我们可以很清楚地看到西安和咸阳在地理上是非常接近的两个城市，它们相距不到20公里。2014年由两市相邻7县（区）组成设立了西咸新区，而且西安市的桃园机场迁到了咸阳境内，更奇怪的是两座城市居然使用同一个区号。这些形式的发展是不是跟历史有关呢？在历史上咸阳与长安到底有着什么样的关系呢？

纵观历史，秦朝定都在咸阳的原因是咸阳地跨渭河南北，地理位置优越，自此，秦始皇下令在咸阳内建筑穷极奢华的阿房宫，第八奇迹的

兵马俑，还有秦陵，这些建筑都在现今的西安市内。秦始皇的宗庙位于渭河的南岸，著名的荆轲刺秦就发生在章台宫大殿内（后来的汉未央宫前殿）；还有"廉颇蔺相如，秦王坐章台"的名句。那时的秦朝，还没有形成宫城、皇城和三大殿的宫殿布局。

到了汉代的时候，汉王把都城定在长安，当然，长安是汉高祖刘邦新建的宫殿，是在咸阳遗址的基础上建立起来的，这在《史记》以及张衡的《西京赋》还有《旧唐书地理志》上面都有明确的记载。在秦朝的惠文王后，咸阳的南面得到了不断的扩展，并在渭河以南的方向大肆修建了章台，兴乐宫、甘泉宫、信宫、阿房宫以及七庙等一些建筑。自从刘邦得天下之后，就想定都在咸阳，经过身边娄敬、张良等一些谋士的劝说之后才重新建造并以此为都城，把秦朝的兴乐宫改名为长乐宫，并在秦时期的章台上建立了未央宫，说明在都城的选址上是汉承秦制。现今汉朝的宫阙在西安汉城保护区内，位于西安的北二环以北，而汉武帝和汉文帝还有汉景帝的陵墓均在现今的咸阳境内。

唐朝也把都城定在长安，宫城和现在的西安市完全重合，并且皇宫和西安明城墙也相重合。唐代的帝王陵墓则大部分在现在的咸阳市。但是在唐代，唐十八陵全部在京兆府的辖县内，乾陵就变成了京兆府奉天县。新中国成立后，西安和咸阳被作为同一座城市来管理，直到1950年才被划分为两市，西安为副省级，咸阳为地级。

不管西安和咸阳的命运如何，它们都会呈现给我们历史上曾经繁华和悲怆的画面，那一座座凝固的艺术伫立在风中。也许我们换一个角度观赏，它们也是一种美妙的视觉享受。

西安最早的原始居民是谁

在报纸上曾登出这样一则新闻：中国社会科学院考古研究所在陕西

省西安市东郊灞桥区浐河东岸挖掘出一批文物，其中房屋46座、窖穴200多个、陶窑遗址6座、墓葬250座，生产工具和生活用品高达一万件，并且还有粟、菜籽的遗存。为此我们心里不禁产生疑惑，这些东西离现在到底有多少年了？在这里曾经住的是什么人？

根据考证，在西安发现的文物是距今6000多年的半坡聚落，也就是半坡人所居住的地方。那么何谓半坡居民？半坡聚落是新石器时代一种典型的聚落

半坡居民雕塑

遗址，是黄河流域原始文化的重要代表之一。而半坡居民则是属于母系氏族公社时期的居住人群。那么半坡聚落遗址为何会在西安市内出现？他们又是怎么生存下来的？

西安市位于渭河流域中部关中盆地，境内河网密集。西安南临巍峨峻峭、群峰竞秀的秦岭山脉，北临坦荡舒展、平畴沃野的渭河平原和辽阔壮观、千沟万壑的黄土高原，这些有利的条件为在西安居住的半坡居民提供了肥沃的土地资源和丰富的水资源，因此半坡聚落就在此繁衍生息，安营扎寨。根据在半坡遗址中出土的文物我们可以知道，那时的人们已经学会了喂养家畜和种植庄稼。并且他们用纺轮制作麻衣，还会用鱼叉或鱼钩捕鱼，更惊奇的是他们居然在那个时候就会制作尖锐的石铲、石斧，还用弓箭飞索在广袤无垠的山林中打猎。

综观半坡聚落遗址，在遗址北部是公共墓地，南部是居住区，东部是烧制陶器的窑厂。居住区内有一座很大的长方形房屋，为氏族成员共同活动的娱乐场所。其四面还建造了许多圆形或方形小屋，这些小巧简陋的房屋是半坡居民的住处。在居住区周围设有壕堑围护，半坡居民居住的房屋大部分是半地穴式的，他们先找好有利位置，并从地表向下

挖出一个方形或圆形的穴坑,在穴坑四角埋设立柱,然后沿着穴坑的墙壁,用较为粗壮的木棍捆绑结实并制成围墙,内外抹上一层厚厚的草泥,其壁沿光滑敦实,然后用一些稻草干枝架设屋顶。屋内,地面修整平整,中间挖筑一个灶坑,用来烧煮食物、取暖和照明,睡觉的地方偏侧比地面高出许多,屋内设有一些简单的陶器器皿。在当时来说陶器是人们日常生活的主要用具,从半坡出土的大量陶器可以看出,它们的形状各异,表面用赭色、黑色等颜料绘有动植物、人或几何形的图案花纹。有的陶器上还刻有一些符号,被一些学者认为是早期的文字雏形,这些具有考古价值的陶器被称之为彩陶,是我国彩陶文化较早、特点突出、影响较大的一个品类。

半坡聚落文明遗址生动具体地向世人展示了6000多年前母系氏族社会的生活状况,对研究我国原始社会历史具有很重要的作用,因此我国于1958年在遗址上建立了中国第一座史前遗址博物馆——半坡遗址博物馆,吸引着各界人士前来观摩。

唐朝以后为何都城都不选在西安

西安又名长安,是唐朝的都城,也是我国古代建都最长的城市,但是自唐朝以后历朝为什么都不选择西安作为都城呢?据一些历史学者分析,原因可归结为三种:经济因素、政治因素、军事因素。

第一个是经济因素。形成一个都城,经济是基础也是必要的条件,它可以直接影响到上层建筑的统治。在初期的关中地区,它的农业经济是很发达的,其有利条件也就因此吸引着西周到唐代的王朝在此建都。但是随着历史的发展,战乱不断涌现,使得关中遭受几次惨重破坏,特别是经过了东晋十六国时期和隋末战乱的破坏以后,西安境内大量的水土流失,黄土的沙化和荒漠化不断加剧,导致农作物的灌溉水源日益不足。再加上从各地来的人口不断增加，人口的密集使有限的可耕地超出了它原本承受的范围，从而导致了粮食补给日趋困难。自唐中叶以后，由于北方长期因政治发动的战乱，经济日益萧条冷淡。此后随着南方经济的不断发展，政治中心已不再是西安了，而且还呈现出逐渐东移的趋势。

第二个是政治因素。都城的选择不仅要求其位于经济发达地区和交通便利地区，还要结合自身势力与地方势力强弱的社会因素而定。西安作为历经十几个王朝或政权的都城，其中一些王朝和政权在建国之初就已经显示出了和当地地方势力的特殊关系，尤为显著的要数西魏和唐朝。西魏建立之初，企图凭借地方势力巩固政权，支持残局，不料后来反受到地方势力的挟制，从而形成两大势力对峙的局面。唐代的开创者本来就是当地地方势力扶持起来的，所以两者并未发生明显的冲突。但是追溯历史根源，自西魏至唐初，能够在长安起一定作用的地方势力只有一个，那就是关陇集团。从西魏和唐初的例子可以看出，长安长期作为都城是因为有关陇集团的存在，但是隋、唐为加强中央集权，都曾极力打击门阀氏族。特别是武周时期，史上第一位女皇帝武则天是依靠庶族官僚的力量登上皇帝宝座的。武周代唐后，武则天怕当地关陇集团的势力不断壮大，间接影响她的统治，因此在政治权

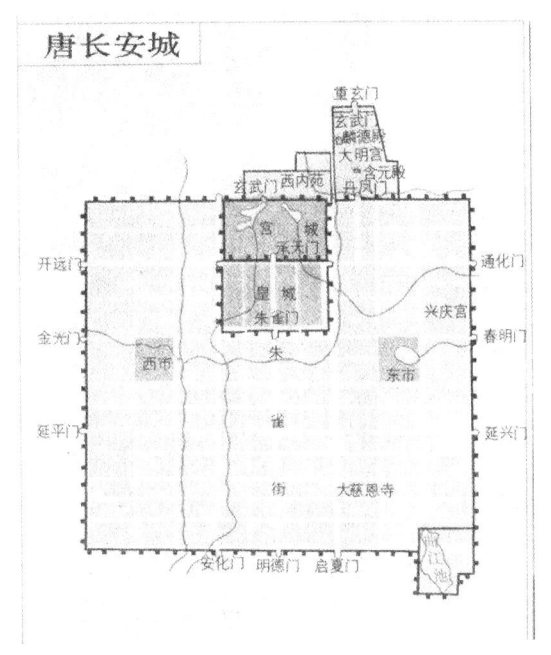

唐长安城地图

力、社会地位以及社会影响等方面对其大加打压。从此关陇集团渐渐衰落，而另一股新生势力——关东势力却不断地壮大并崭露头角。安禄山戍守范阳，兵强马壮所向披靡，无人可以与之抗衡。在平定安史之乱过程中，为了暂时得到安定，唐代宗竟"瓜分河北地，付授叛将"，使其成了由中央任命的地方节度使，不仅让关东势力保存了相当大的离心势力，还造成了藩镇割据的不幸局面，其中以河北藩镇最为嚣张。唐中后期中央集权衰落，朝廷不得已重用藩将，导致这些藩将手中掌握了雄厚的兵力，骄悍难制。唐宣宗以后，唐中央已无力与藩镇抗衡，从此割据局势愈演愈烈。由于河北一带国防压力不断增大，唐朝的军事重心不得不东移。经济和军事重心都已东移，政治中心却仍集于关东，自然就生出问题来，故西安就随着关陇集团的衰落而衰落了。

第三个是军事因素。随着历史的发展，长安作为唐及前代的都城所在地，自然成为兵家必争之地。西周后动荡不安的春秋战国，继秦朝后骄雄相夺的楚汉争霸，汉朝后叱咤风云的三国鼎立等，这些战争严重破坏了长安城及周边的土地。到了唐后期摧残程度更甚以往。因为战乱，长安曾两度被大火焚烧，烧毁后的长安城残破不堪，面目全非，到处都是断壁余灰，瓦砾成堆，曾经繁华的长安城变成了一片废墟。

总而言之，西安之所以不再是唐以后历朝的都城，原因之一便是其基础设施遭到了无数战乱的严重破坏。虽然在以后的历史发展中，西安的经济得到改善，但经济重心南移的趋势如滔滔洪流势不可挡。古城长安从此失去了独领风骚的以往，只能是以区域中心的身份存在于更为广阔的中华版图内。

西安与辛亥革命有着怎样的渊源

辛亥革命是发生于1911年，由孙中山先生领导的一场民主革命运动，不仅结束了中国两千多年的封建帝制，还开启了民主共和的新纪元，为新中国成立奠定了基础。然而这场伟大的变革运动和"老实本分"的西安有什么关系呢？

近代史研究表明，西安是率先响应武昌起义的城市之一，表现积极踊跃。武昌起义爆发后，同盟会、新军、哥老会在新军营长张凤翙的带领下，于1911年10月22日清晨发动西安起义。当时先是由新军领导人张钫、朱叙五以去灞桥洗马为名混入军装局缴获军械，因为军装局看守很严，张钫怕因此打乱计划，于是召开会议，下令攻入军装局抢枪，抢枪成功后便立即攻占了军装局，放出收监的犯人，并四处高呼："举义排满，与汉人商民无关！"部分犯人闻讯追随起义，队伍随即壮大。

当时，驻扎在不远处的张凤翙听到枪声，迅速率领军队赶到军装局，一面组织兵力，设岗布防，防备清军来攻，一面通知起义新军，设临时指挥部于军装局，以便联络。城外其他各路起义军一同按计划迅速占领各个据点。清军未到军装局的时候，张凤翙就与各路起义军商议，决定先攻占满城外围，待攻占成功后再占领满城。在攻占外围的时候，城市内的居民闻讯也纷纷加入起义队伍，并且回民中的哥老会首领金启恒、白玉麟接到张云山、马玉贵的通知后也立即加入了战斗。起义军迅速壮大，仅仅用了半天的时间，就控制了城内满城以外的大部分地区。随后立即合攻满城。当时的满城是西安八旗军及其眷属集中驻扎居住的地区，四周修有敦厚结实的城墙，这对于起义军来说着实难攻，但是各路义军的领导人经过周全的商议后，制定了一个高明的作战策略：把军队集合到一起，并分为两支队伍，一支队伍以钟楼为分界点，沿北大街由西面进攻；另一支队伍在钟楼以东沿东大街从南面进攻。计划实施后，起义军大获全胜，迅速占领了满城。

西安起义的胜利缓解了武昌革命军的压力，沉重地打击了清王朝的统治，肯定并极大地支持了南方刚刚建立的民主政权，在辛亥革命中留下了一段光辉的历史。

您了解历史上著名的西安事变吗

西安事变,又称"双十二事变",发生在1936年,它是时任西北剿匪副总司令、东北军领袖的张学良和时任国民革命军第十七路军总指挥、西北军领袖的杨虎城领导发起的一场举世瞩目的正义之变。

在国民政府统治时期,张学良和杨虎城是蒋介石手下的两员猛将,为国民政府的统治立下了汗马功劳,并深受蒋介石的赏识和重用,因此张学良和杨虎城都甘愿为他效犬马之劳。既然如此,他们为什么还要扣押蒋介石呢?这不是自毁前程吗?

西安事变纪念馆内景

在当时,日本侵略者不断进犯我国,是我国的一个严重外患。同时国内亦有两大政治势力,一个是以毛泽东为首的中国共产党,领导中国人民进行反帝反封建斗争的进步力量。另一个则是以蒋介石为首的国民政府,代表着大地主和封建买办的反动势力。这两大势力在不断的斗争中,蒋介石野心勃勃地想要一统中国,看到共产党领导的工农红军势力不断壮大,认为这是对他一统江山的一种威胁,于是就把红军当作眼中钉肉中刺,先后发动了五次对红军的围剿。那时张学良看到国家内忧外患的现状,很反对蒋介石"攘外必先安内"的政策,多次劝蒋介石停止内战,跟共产党合作共同抗日,但是都遭到否决,而且蒋介石还准备发动对红军的第六次围剿。张学良看到劝说行不通,于是就和杨虎城秘密筹划在西安华清池发动兵变。张学良以商讨国共合作为名请时任国民政府军事委员会委员长和西北剿匪总司令的蒋介石来西安,待蒋到达西安,便将他成功地扣留,时称"西安兵谏"。行动成功后,张学良联合赶赴西安的中共代表周恩来逼迫蒋介石接受了"停止内战,联共抗日"的主张,并签订了有效合约,使西安事变得到和平解决。

西安事变的和平解决,促成了国共的第二次合作,使抗日民族统一战线得以建立,从而极大地鼓舞了中国人民的抗日热情。

老西安的钟楼为何要迁移

在西安明城墙内东、西、南、北四条大街的交汇处,有一座中国古代遗留下来的众多钟楼中形制最大、保存最完整,且闻名遐迩的钟楼,它就是西安的钟楼。西安钟楼始建于明洪武十七年(公元1384年),距今已经有600多年的历史,建造初期位于西安市广济街口,明万历十年(公元1582年)迁移到了现在的地方。那么,它为什么要迁址呢?

相传,在明万历年间,关中发生了大地震,百姓伤亡不计其数。当时的人们缺少对地震发生机理的知识,以为是妖怪作怪,纷纷奏告地方官,要求降魔伏妖,以平地动。知府听后也很着急,情急之中便想到了迎祥观内久负盛名的道士高承之,马上差人将其请来,共同商议此事。

西安钟楼

高承之来到官府后,对知府说:"钟楼向东迁移半里,地动自然消除。上古时期,关中地区是一片海,后因'天倾西北,地陷东南',海水向东奔流,这才形成了关中平原。然而一条大鳌鱼不肯东去,就凿了一条大川居住在里面。

后来发生地裂,大川变成了地下河。每到三月十五日,鳌鱼就游到大川口,呼吸空气,喷沙击浪,震动山河。这便有了地震。"

知府闻之,立刻召集全城铁匠,赶制了一条百丈长的铁链,准降鳌建楼。士兵用撅头刨开地面,露出四块大石,大石之下,果有一口深井,流水哗哗作响。不一会儿,水柱夺井而出,喷向天空,随即见一鳌鱼头伸出井外。高承之随即用宝剑镇住鳌鱼,并命士兵用铁链将其锁住,那鱼便沉入了川底。知府又令人铸起大铁圈,紧紧将川口箍住,并将铁链的另一端压在了下面。同时征用工匠,在钟楼原址以东重新赶修了钟楼。钟楼建好后,鳌鱼被镇压在了川底,再也不能为害一方了。

当然,传说归传说,而根据历史记载,迁移的原因是当时的政治中心逐渐东移,并且在明代时改建城门,从而新的东、南、西、北四条大街形成,而位于迎祥观的钟楼也就偏离城市中心,到了明神宗万历十年(公元1582年),当朝皇帝颁发诏令,命陕西巡抚龚懋贤主持钟楼的整体拆迁至今址。

西安真的有龙脉吗

何谓龙脉?风水学把绵延的山脉称为龙脉。认为龙就是山的脉络,因为山势就像龙一样变化多端,蜿蜒绵长,据说探寻到了龙脉的人能拥有神奇的力量。那么,西安真的有龙脉吗?

在民间有个颇富传奇色彩的说法,明太祖朱元璋登基时,关中一带连连发生地震,民间盛传是城下暗河里的蛟龙在作怪,蛟龙翻身,长安震动。朱元璋心里甚是不安,就请道人术士们帮他出谋划策,最后决定在西安城中心修一座钟楼,因为据说钟音能镇住蛟龙。计划顺利实施,钟楼建好后,成为了全国最大的钟楼。朱元璋把"天下第一名钟"景云钟悬挂在了楼上,并派他的长子秦王镇守西安。有人说这一传闻表明长安曾是卧龙之地,并且说现在有一实例证明,就是在今天的西安北郊,有个叫龙首村的地方,相传就是龙头之地。西安是否有龙脉这一问题,众说纷纭,有的人说在西安的大明宫万达广场就有龙脉;也有的人说在汉长安城内的龙首处有龙脉,有的人说在原国民政府及五院规划地有龙脉,但这些只是来自民间的传闻,并非科学考证。

唐朝的长安城是现在西安城面积的几倍

唐朝的长安就是现在的西安,但西安和长安的面积一样大吗?如果不一样,那又是哪一个面积大,大多少呢?

据史料记载,长安兴建于隋朝,当时叫作大兴城,到了唐朝,改名为长安城。作为大唐王朝的首都,它是我国历史上规模最为宏伟壮观的都城,反映出大一统王朝的宏伟气魄,当时也是世界上规模最大最繁华的城市。在唐长安的人口中,除居民、皇族、达官贵人、兵士、奴仆杂役、佛道僧尼、少数民族外,外国的商人、使者、留学生、留学僧等总数已不下3万人。当时来长安与唐通使的国家、地区多达300个。据统计,当时的长安周长达35.56公里,面积广达84平方公里,是汉长安城的2.4倍,明清北京城的1.4倍。比同时期的拜占庭王国都城大7倍,较800年所建的巴格达城大6.2倍,是当时的世界名城之一。

西安市的面积为10108平方公里,其中市区面积为1066平方公里。2014年全市常住人口达862万。西安市下辖10个区3个县,分别是新城区、碑林区、莲湖区、灞桥区、未央区、雁塔区、阎良区、临潼区、长安区和高陵区,蓝田县、周至县和户县。其中,新城区的由来十分复杂。其最早为明皇族秦王朱樉的王府,该府为内、外两重,俗称皇城;清时,易名为"满城"。1927年,国民政府仿效前苏联莫斯科红场之名,改其内城为"红城",1931年,杨虎城将军将其更名为"新城",

并沿用至今。西安市管辖的县有3个,分别是蓝田县、周至县、户县。其中,蓝田之名得于该县之美玉。古人云:玉之美者曰珠,其次曰蓝,故名蓝田。蓝田玉是中国四大美玉之一。

综上所述,西安的面积比长安至少大十倍。

唐朝时西安最高的地方是哪里

唐朝时期,大明宫就是长安城最高最具有气势的地方,它靠近龙首山,地势极高。站在大明宫的宫殿上可以俯瞰全城,大片的繁华盛景尽收眼底,着实辽阔壮观。大明宫始建于贞观八年(公元634年),是当时全世界最辉煌壮丽的宫殿群,规模相当宏大,占地面积达350公顷,是法国卢浮宫的13倍,英国白金汉宫的15倍。然而一代明君唐太宗为何要花费那么多的人力财力物力,去建造一个如此庞大的政府办公机构呢?并且为什么要取名为大明宫呢?

据说唐高祖李渊打下江山后,发现偌大的长安城里只有太极宫这一座皇宫,并且还是旧隋遗留下来的,他想着自己身为一朝天子竟落得如此境地,心里愈发感到憋屈,不久便在早朝时

大明宫遗址公园

向文武百官们表达了想要重新修建一座宫殿的想法,但遭到了李世民和群臣的极力反对。他们罗列出各种建造新城的弊处。一番权衡之后,唐高祖为了顾全大局,只得将这个想法暂时埋在了心里。后来,李世民称帝,李渊成为了太上皇。不久,李渊人到中年便患上了麻风痹病,害怕潮湿,而当时他居住的太极宫正位于潮湿低地。因此恶疾频发,久治不

愈。一日见李世民前来探望,便再次向儿子说了心里的想法,李世民看到病榻上的父亲,恻隐之心遂起,便决定重修一座宫殿。当时取名为永安宫,意在希望李渊住进去后,能够永享快乐。但是永安宫还没建好,李渊便与世长辞了。那么永安宫后来又为何改名为大明宫呢?据民间传闻,在修建宫殿时,工匠们挖出了一面高约五尺九寸,宽约四尺的大铜镜,铜镜的背面还刻有日月的图案。李世民认为,这是天赐圣物,是个好兆头,便将此宫更名为大明宫。唐高宗继位后,于龙朔二年(公元662年)对大明宫进行了大规模的扩建,又将名字改为蓬莱宫,并入住其中将其作为政治中心。咸亨元年(公元670年),宫殿又更名为含元宫,神龙元年(公元705年)复名大明宫。

新中国成立后,国家对历史建筑和文物进行了有效保护。1961年,将西安的大明宫遗址列为第一批全国重点文物保护单位之一。2010年,建立了大明宫国家遗址公园。

"八水绕长安"指的是哪八水

八水分别指的是渭、泾、沣、涝、潏、滈、浐、灞八条河流,它们在西安城的东、南、西、北四个方向穿流,均属黄河水系。先有其他七水汇入渭河,然后再由渭河汇入黄河。这八条河流又以泾、渭两大河流为主导,其余六条河流的流域面积较少,起辅助作用。

八水绕西安图

渭河是黄河的最大支流，全长818公里，流域总面积134766平方公里，年径流量102亿立方米，发源于甘肃省渭源县，于陕西潼关注入黄河。渭河绕西安之北。渭河流域是中华民族人文初祖轩辕黄帝和神农炎帝的起源地。姬水为黄帝，姜水为炎帝，他们被视为中华民族的始祖，而姬水和姜水都位于渭河流域一带，姜水位于宝鸡，姬水则是关中中部武功县一带的漆水河，两河均是渭河的支流。泾河以驻地命名，是周王朝发迹的地方。秦国在泾阳县兴建的郑国渠，也是渭河的最大支流，全长455公里，流域总面积45421平方公里，年径流量21.4亿立方米。干流发源于六盘山东麓宁夏回族自治区泾源县，于高陵县蒋王村汇入渭河左岸。泾河绕西安之北。

沣河发源于秦岭北麓的西安市长安区沣峪，流至咸阳市汇入渭河，据载，大禹曾经治理过沣河，西周的丰、镐二京就建在沣河东、西两岸。沣河绕西安之西。涝河古称潦水，源头有两个，东涝河发源于秦岭北麓的于静峪垴，西涝河发源于秦岭梁，两河交汇后北流，最后北经咸阳流入渭河。涝河绕西安之西。潏河古称沈水，发源于西安市长安区秦岭北坡的大峪，是西安地区最负盛名的河流。潏河在牛头寺附近分为两支，向北为皂河，向西则与滈河合流汇入沣河。河道两岸盛产水稻、玉米、小麦等，地势资源亦相当丰富。潏河绕西安之南。滈河发源于西安市长安区石砭峪，全长46公里，流域面积292平方公里，与潏河在香积寺汇合后向西，在户县秦渡镇附近注入沣河。滈河绕西安之南。灞河发源于蓝田县灞源镇，据史载，灞河原名滋水，春秋时秦穆公为了炫耀其霸业，改名为灞河。灞河绕西安之东。浐河发源于蓝田县汤峪，是灞浐水系的最大支流，流经西安灞桥区广太庙附近注入灞河。浐河绕西安之东。"八水绕长安"，造就了盛世大唐。

"唐人"这一名称与长安城有何关系

"唐人"这一称谓在世界上专指我们中国人。如今,世界各地都有唐人街存在,主要是当地华侨聚居地。每逢春节,这里耍龙灯、舞狮子,爆竹声中除旧岁,沿袭着中国传统风俗。为此我们不禁疑惑,为什么世人把"唐人"当作中国人的代名词,这是不是跟唐代的长安城有关呢?

史料记载,唐朝出现过两大盛世——"贞观之治"和"开元盛世"。这两个时期的唐朝都城长安城特别繁华,社会安定和谐,路不拾遗、夜不闭户。"贞观之治"时期,也即唐太宗李世民统治时期,唐太宗颁布了一系列利国利民的政策。打开国门,对外开放,不但允许外国商人在长安等城市进行商业活动。还招纳来自外国的有贤德之人入朝为官,不仅接收了来自国外的移民,还接收了一批又一批的外国留学生来中国学习先进文化,仅日本官派的公费留学生就接收了七批,每批都有几百人。当时很注重商业的发展,不仅开

唐人街

辟了陆上著名的"丝绸之路",还开发了海上"丝绸之路",并设立众多贸易港口,以方便贸易往来。长安城内往来人群络绎不绝,甚是繁华。到了唐玄宗李隆基时期的"开元盛世",唐朝的国势达到了顶峰,国际影响力更为巨大。鉴于唐朝的辉煌成就,至今国外的人们都将中国人称为"唐人"。

老西安的城门楼

您知道古西安有几座城门吗

西安城墙位于西安市中心,是明代初年在唐长安城的基础上建立起来的。城墙所围呈长方形,总周长11.9公里,沿城墙区域设有护城河、吊桥、闸楼、箭楼、角楼、女儿墙等一系列军事防御设施,并且城墙内设有十八座城门,那么这十八座城门分别是哪些呢?

站在城墙最高点,十八座城门的位置从北顺时针依次排列分别是尚武门、安远门、尚德门、解放门、尚俭门、尚勤门、朝阳门、中山门、长乐门、建国门、和平门、文昌门、永宁门、朱雀门、勿幕门、含光门、安定门、玉祥门。

西安城门

尚武门是北城墙最西一门,开于建国后。与尚德门、尚勤门、尚俭门共同象征儒家的"良好品德、习武健身、勤俭节约"的品德。安远门为现西安城墙的北门,明清西安城北城门,位于西安城南北中轴线上。

"安远"二字寓意边疆地区能够长远安定，不发生战乱。尚德门位于北城墙解放门西，开于建国后。解放门原名中正门，又叫小北门，位于西安火车站正前。解放门开于民国时期，城门内为解放路，城门外为火车站广场。尚俭门位于北城墙解放门与尚勤门之间，开于建国后。尚勤门是北城墙最东一门，开于建国后。朝阳门是东城墙最北一门，开于建国后。因为这座城门朝着太阳，是每天第一个见到阳光的城门，故取名朝阳门。中山门又叫小东门，位于东城墙朝阳门与长乐门之间。长乐门是西安城墙的东门，开于明清时期。因为国都南京位于西安的东面，"长乐"二字带有祈祝大明江山长久欢乐、万年不衰之意。建国门是南城墙最东一门，开于建国后，为纪念新中国成立这一伟大历史事件，命名为建国门。和平门开于1953年，位于南城墙文昌门与建国门之间。和平门开于建国后，是为了表达饱经战乱的中国人民对世界和平的渴望，所以起名和平门。文昌门开于1986年。位于南城墙永宁门（南门）与和平门之间。这里的城墙上建有魁星楼，楼下这座新辟的城门就被命名为文昌门。永宁门现叫作南门，建于隋初，当时叫安上门，唐末韩建缩建新城时留作南门，明代改为永宁门。朱雀门是唐皇城的正南门，因四象中朱雀代表南方而得名。勿幕门位于南城墙含光门与朱雀门之间。勿幕门又叫小南门，是民国时期新开辟的城门。含光门位于唐长安皇城南面偏西门。安定门，开于明清时期。"安定"二字寓意西部边疆安泰康定。安定门本是唐皇城西面中门，唐末韩建缩建新城时被保留下来。明代扩建城墙时位置略向南移。玉祥门又叫小西门，位于西城墙，西门以北。民国时，陕西省主席宋哲元为纪念冯玉祥将军的历史功绩，特开此门，取名为玉祥门。

这十八座城门饱经风霜，镌刻着历史发展的印记，是重要的历史遗迹。现今已被政府规划为国家保护文物，吸引着许多来自国内外的游客们到此观光旅游。

老西安城墙是在什么历史背景下修筑的

现在的西安城墙,是由于唐朝末年战乱频仍,原城墙遭受了巨大的破坏,而于明朝洪武七年到十一年(公元1374年—公元1378年),在唐长安城旧城墙的基础上建筑起来的,已有600多年的历史,也是中国最完整的一座古代城垣建筑。

不知读者朋友们是否知道有这么一句俗语:"唐塔汉冢猪打圈,清朝挖得稀巴烂。"意思就是说唐朝造了许多塔,汉朝修了不少冢,明朝朱明时期则是筑了很多城墙,然而清朝时盗墓之风盛行,前朝的建筑和墓葬都遭到

西安城墙

了很大的破坏。西安古城垣就是在明朝建城热潮中,由都督濮英主持而扩建起来的。

其实早在明朝建立前,朱元璋攻下徽州时,便采纳了一个隐士朱升"高筑墙,广积粮,缓称王"的建议,并在他统一全国后,命令治下的各府县普遍筑城。如今全国保存下来的许多城市的城墙,便多是那时建造的。而且朱元璋认为"天下山川,唯秦中号为险固",甚至曾考虑过在西安建都。所以西安的城墙建筑不仅格外精细,而且修得很厚,城墙的厚度甚至大于自身高度,因此稳固如山。而且墙顶还可以跑车和操练,实在是军民两便。此外西安的城墙防御体系还包括护城河、吊桥、闸楼、箭楼、正楼、角楼、敌楼、女儿墙、垛口等一系列军事设施。由

此可见朱元璋极其重视西安，还在此为次子朱樉修建了亲王府，并希望他成为明帝国的西北屏障。

老西安城墙上的角楼为何"三方一圆"

在明朝全国大修城墙的浪潮中，西安城是被格外重视的一座，明洪武十一年（公元1378年）大致修建完成后，又增修角楼，城四个角各修一座，以方便战时辅助城楼作战。从此西安城墙上的高空防御网就形成了一个相当完整的体系：月城城楼和大城城楼遥相呼应，控制吊桥、城门；辅以角楼镇守全城四角，协防大城楼，并传递号令以控全城战势；突出的敌楼与城墙间形成三个方向的交叉火力，减少防御死角。如此，西安城墙防御体系便真的"固若金汤"了。在扩建过程中，明朝对唐旧城墙的最大改进，一是用砖砌墙面，二是将使用了两千多年的木构过梁式城门升级为砖砌券洞式，从而大大提高了城墙的防御能力，也标志着我国城墙建筑体系趋于成熟。

但是，为什么西安城墙除西南角台为圆形外，其余三隅均为方形呢？

据考证，唐朝城墙的角台是圆形的，明代修建城墙时，并没有重修西南城角，只是按原样加固，垒以砖石，所以仍为圆形，角台上建圆形八角三层楼，而在城墙的其他三个方角，则筑以方形二层楼，故为方形。这便形成了"三方一圆"的格局。

按常规来讲，城角都是方形的，但为什么在明代修缮唐朝城墙时，朱元璋只下令将角台向外扩张三分之一，而没有重修西南城角呢？

其实有两种说法，或可解决我们的疑问。其一是说，明代在修建城墙之前，西安守将曾在西南城角处斩了一对不孝夫妻，罪名是他们百般折磨家中母亲王老太,并最终致其饿死街头。于是大家都认为此二人无德不孝,同时又都认为方形代表方方正正做人,所以后来修建城墙的时候,便未将此角重修为方形,以此表示在这里处斩的儿媳两人并非善男信女。然而此说是说明代,但墙角为圆,早在唐朝便如此。看来此说不足深信。另一种说法是,因为西南城角处于地裂带上,有一条地裂形成的缝隙紧贴城墙西南角外侧,故而角台只要被修成方形,便屡修屡坏,没办法,只好修成了圆形,并为后代延续。

四座角楼在民国初期的军阀战争中被拆毁,不过1996年,当地政府在其遗址上重建了除西南角外的其余三座四方角楼。

西安城墙上的"马面"是什么建筑

城墙马面

当你登上西安明城墙,一定会发现一个现象,那便是在高大的墙体外侧,每隔一定距离,就会有一段城墙凸出于墙体外侧。而这样的墙体,被称为马面(或称为敌台、墩台、墙台),而且有长方形和半圆形两种,皆因外观狭长如马面而得名。它的使用其实是为了协防城墙,减除城下死角,并可自上而下从三面攻击敌人,减轻城门的攻防压力。马面其实早在战国时代便被用于城市防御了。

所以,在全国大兴城墙建设的明代,马面的出现,并不足为奇。而且西安作为明代的战略防御要地兼秦王朱樉的册封之城,城墙外侧据记载一共筑有马面98座,各为20米宽,12米长的长方形,马面外侧三面均设有雉堞，左右两侧开有垛口，便于抛掷砖石，放发矢弹，而马面正面的垛墙则不开垛口，并高出左右垛墙二尺，以此来防止城下矢弹。

为了使城墙的防御性能发挥到极致，一般都在马面之上建造敌楼，不仅可以驻兵，还可以利用其外凸高大的特点，瞭望敌情。所以明初时，在马面之上均建有一座歇山式重檐二层敌楼，并囤积军器，加以防守。此外还可以和相邻的马面敌楼相互协助，共同御敌，成为城墙防御工程的重要组成部分。

随着冷兵器时代的结束和热兵器时代的迅速发展，城墙慢慢失去了往日的作用，逐渐淡出了防御系统，故而日益被军方毁弃，以致如今全国没有几座保存完整的古城墙了。西安古城墙上的马面在1982年实测时只有91座，后虽修复至93座，但仍比史料记载之98座少了五座。

西安最古老的一座城门是哪座

闻名于世的西安城十八大城门中，哪一座城门的历史最为悠久？

"永宁门"——是西安城墙的正南门，也是西安城墙城门中资格最老，沿用时间最长的一座。它始建于隋初（公元582年），当年是皇城南面三座城门中偏东的一座，原叫安上门，唐末韩建缩建新城时留作南门，明代改为永宁门。相传在民间，百姓都认为南方是火神存在的地方，因此农人为了躲避火灾，一般不会在南面设立炉灶。在民间南门为永宁之意，就是向火神祷告，希望不要突

永宁门

发火灾，永保安宁。百姓们为了表达他们的心愿，决议永不开正南门。正是因为它没开，所以才成为西安城墙四个门中保存最完整的一座。永宁门内有三层门楼，即闸楼、箭楼和正楼。闸楼在外，箭楼在中，正楼在里。闸楼主要用来放置吊桥，吊桥是出入城池的唯一通道，白天降落在护城河两岸，供人出入，晚上吊桥升在空中，就断绝了进城的道路。箭楼高30余米，外面墙体笔直，箭孔密布，便于远望和射击敌人；箭楼与正楼之间正好是一座瓮城，一旦敌人拥兵进入城内，他们就可以来个"瓮中捉鳖"，不费吹灰之力将敌人捕获。南门内曾发生过近代史上著名的"二虎守长安"，南门的箭楼就毁于军阀刘镇华之手。事件发生在1926年，当时，河南军阀刘镇华率领10万大军，围攻西安城，守城的杨虎城和李虎臣二位将军凭借西安城墙"深沟高垒"之固，与众将士守城长达八个月之久，终于守住了这座西北重镇，遗憾的是南门的箭楼在这次战役中被毁掉了。

永宁门现为交通环岛，门外有南门广场，门内为南大街，门外接南关正街。每到旅游黄金季节，街道上便会挤满来来往往的人群，甚是热闹。

朱雀门因何得名

朱雀门坐落于南门的西边。攀上朱雀门的最高处，俯瞰城门内，位于门内有一个大保吉巷，连通着繁华的南广济街；俯望门外，则是宽阔的朱雀大街，街上车水马龙，好不热闹。门内拥有盛唐气息的仿古建筑与门外充满现代气息的高层建筑，形成对比，侧面衬托着我国的江山是如此多娇，从而引无数游客为之倾倒。然而朱雀门是因何得名的呢？

朱雀即为二十八星宿中南方七宿的总称，它是中国传统文化四象之一，也是上古四大神兽之一。根据阴阳五行的学说，朱雀是代表南方的神灵异兽，代表的颜色是红色，代表的季节是夏季。可朱雀具有什么样的寓意呢？西北大学历史系教授张永禄介绍说，朱雀又名为"火凤凰"，司南方，因此位于皇城内的南大门被命名为朱雀门。朱雀门是皇城南城墙的正门，明德门是整个长安城南城墙的正门，据历史学家们的研究，长安城的中轴线，同时也是长安城万年县与长安县的分界线，就是朱雀大街，而朱雀大街正得名于朱雀门。虽然

朱雀门

朱雀门的名字充满了上古神秘感，但朱雀门却是城墙上的一个"新生"事物。根据历史记载，唐长安城朱雀门位于皇城的正南门，隋朝初年就已建造，但是在唐末长安城改造时被强制关闭。唐末战乱时期，时任佑国军节度使的韩建对长安城进行了大规模的改建，将宫城和外郭城划出，只保留了一座富丽堂皇的皇城，旨在保障皇宫的安全。当时韩建下令封闭了皇城的一些大门，朱雀门也包括在内，从此朱雀门在一千多年的时间里再也没有被打开过，直到1986年，才得以开启重见天日。

小南门指的是哪座城门

勿幕门是西安城墙上的一座城门，俗称小南门，1939年开通，位于南城墙含光门与朱雀门之间，是为纪念井勿幕先生而修建的。那么井勿幕是何方人士，为什么会为了他而修建此门？

井勿幕，初名泉，字文渊。陕西蒲城县三合乡人，是中国最早的同盟会会员之一。井勿幕加入孙中山创建的同盟会后，热衷于革命事业。回陕后他奔赴渭北各县宣传同盟会纲领，秘密发展了30多名成员并成立了同盟会陕西支部。在

勿幕门

辛亥革命中他积极奔走，将年轻的热血之躯奉献给了中国的解放事业，从此反清的火种遍布三秦大地。1911年，辛亥革命爆发，清朝灭亡，随后南京临时政府成立，孙中山被选举为临时大总统，但是好景不长，袁世凯复辟称帝，窃取了革命胜利的果实。那时同盟会内部也出现了分化，有的人倒向了袁世凯。但井勿幕始终坚持革命，坚决反对袁世凯的倒行逆施。后来他策应陕西的反袁护国斗争，乔装成商贩徒步回陕。袁世凯死后，井勿幕对驻扎在陕西的皖系军阀段祺瑞的爪牙陈树藩感到非常气愤，于是组织人员对陈树藩展开了激烈的斗争。1918年11月20日，井勿幕在归返三原途经兴平县南仁堡时被人谋害，年仅31岁。此后他被孙中山誉为"西北革命巨柱"。

后来，孙中山为纪念井勿幕先生，在西安城内修建了一座城门，是为勿幕门。

含光门是至今保存最完整的遗址吗

唐朝时，长安城南墙偏西处有一座城门——含光门，自从唐末长安城改建后，含光门就一直被沿用，直到宋朝。到了元代，含光门被封填

进城墙,淡出了人们的视线。20世纪80年代,考古学家在发掘唐代遗址时发现了含光门,这才使得这座古城门重见天日。据考证,含光门是迄今为止发现的保存最为完好的隋唐长安城遗址。不过,此门为何取名为"含光"呢,这二字究竟有什么寓意呢?

据考证,在古代汉语中"含"具有包容、宽容之意;而"光"则有明亮、宽广、深远之意。"含光"两字在古时则有"含弘光大"之意,体现了当时唐朝统治者的仁政理念。含光门夯土保存达8米以上,三个门道的尺寸异常清晰,东、西两门道宽5.3米,中间门道宽5.5米,长19.6米。根据考古发现,含光门内两侧都由砖砌成,有过梁式门道,门楼设于门上。含光门内设有通往门楼的马道,在门的西侧,紧贴城墙。

唐朝时,含光门不仅是礼仪之门、行政之门,还是丝绸之路在长安城的一个重要节点,连接着外郭城和当时的政府机构。隋、唐两代许多皇帝、文武官员、外国使节都曾经从这里通过,因此这里也是当时唐长安城南墙区域一个重要的城门区。沿着含光门往里走,会看到一条含光门

含光门

大街,大街向北直通皇帝所在的宫城。鸿胪寺和鸿胪客馆位于含光门的东北角,即含光门大街的东边。鸿胪寺是当时专门负责管理外交、民族事务的机构,鸿胪客馆则似于今天北京的钓鱼台国宾馆,唐代所有的外事接待活动都要经过含光门街。自信开放的大唐王朝,常常会引领来自世界各地、肤色、语言各不相同的使节通过"含光门"进入皇城拜谒圣上。隋唐时代含光门内的西北边,是社稷坛。社稷坛也称大社、太社,

是历代帝王祭祀土神与谷神的地方，代表着王朝至高无上的权威。

隋唐长安城是东方文明史上一颗璀璨的明珠，而含光门则是这颗明珠身上保存至今的一部分。通过含光门，我们可以依稀想象出长安城当年的盛景。

安定门为何开在西安城的西边

安定门在明以前被称作西门，位于西安城的西边，明初更名为安定门，有寓意西北地区安定康泰之意。

明初，朱元璋听从隐士朱升"高筑墙，广积粮，缓称王"的建议，夺取天下后，在"高筑墙"上做起了文章，全国遂掀起一股修建城墙之风。明洪武七至十一年（公元1374年—公元1378年），朱元璋命都督濮英在西安旧唐古城垣的基础上，扩建西安城墙，如此，唐时城西的中门便在被略向南移后重建，并取名为安定门。

安定门

明洪武年间，国家初定，朝廷对广大辽远的西部地区的统治显得力不从心，便采取了略显消极之策，即放弃西域，固守长城，将长城以内的甘、青、藏等西北地区作为其主要的经营之地。

自古西安便为关中通往西北地区的要塞，经济和战略地位都十分重要，而安定门又是这要塞的重中之重。当时，西来的商队都必须从此门进西安城，而从西安城前往西北也必从此门经过。鉴于当时西安的重要军事地位,朱元璋特将其十分看重的二子朱樉派往此地进行把守,并设立众多军士卫所。

安定门设有城楼、箭楼和闸楼三重门楼,城楼里,箭楼居中间,闸楼靠外,值得一提的是,安定门的箭楼是现存最完整的古城堡。在每重门楼下均有拱卷式门洞,城楼与箭楼之间有方形瓮城,在平时为通道供人们出入,战时便成为防守要地。2009年,有关人员在此处发现了足有1000平方米的具有军事风格的彩绘,由于现在历史上遗留下来的建筑彩绘已不多见,所以这块明时的具军事风格的彩绘便尤显珍贵。

玉祥门与冯玉祥有何关系

玉祥门开通于1928年,是为纪念冯玉祥将军所建,故名玉祥门。

1926年,军阀刘镇华包围西安城达8个月之久,使西安人民冻饿战死达5万之多,后来甚至出现了人吃人的现象。直到冯玉祥将军率国民联军击败刘镇华军后,西安城才得以解围。

玉祥门是西安西城墙的一座城门。1926年4月,河南军阀刘镇华在张作霖等大军阀的怂恿下进攻西安,梦想自己占领西安后也成为一地之王,重温封建王朝的皇帝旧梦,为此,他开始了对西安长达八个月的惨无人道的围攻。西安城在被围困期间,城内百姓军士缺衣少粮,无奈只好以麸糠、树皮充饥,几乎每天都有人被冻饿而死。不仅如此,刘镇华在围

玉祥门

困西安的8个月期间，还犯下了令人发指的累累暴行，奸淫掳掠，无恶不作，使昔日繁华的西安城在短短几月间沦为人间地狱，死亡人数多达五万，据说尸体由于太多而无处掩埋，只得相互叠加而放，其状之惨，让人无法直视。

刘镇华的残暴，引起了陕西民众的极大愤慨。于右任在李大钊的请求下，赶往苏联，敦促正在苏联考察的冯玉祥将军回国救西安于危难。冯玉祥将军曾为陕西督军，当时为国民军总司令，他临危受命，回国后迅速重整旧部，1926年的9月，率领部队兵临潼关。经过两个多月的激战后，同年11月末，冯玉祥将军率领的国民联军，击溃了刘镇华军，西安之围遂解。冯玉祥将军的到来，让面临灾难的西安城得以解困，其功劳实难用语言形容。

后西安人民为表感谢和纪念之意，便将新建的城门命名为玉祥门。

中山门与孙中山有何关系

中山门是西安城墙上的一座城门，又名小东门，由冯玉祥将军倡建，旨在纪念伟大的革命先行者孙中山先生。

孙中山先生名文，字载之，号逸仙，又号日新。生于广东香山县（即中山市）翠亨村的农民家庭。

清朝末年，清政府腐败无能，西方列强在华横行，这时的孙中山目睹了国家乱象，开始产生反清及以资产阶级思想统治中国的想法。

1894年，孙中山组建兴中会，以"驱除鞑虏，恢复中国，创立合众政府"为誓词。1896年，孙中山流亡英国期间，通过考察欧美各国的经济、政治状况，研究多种学派的政治学说，在与欧美各国进步人士广泛接触的基础上,初步形成了具有民生主义理论特色的三民主义思想。1905年,孙中山与黄兴等人在日本东京建立革命党同盟会,以其提出的"驱除鞑虏,恢复中华,创立民国,平均地权"作为同盟会纲领。同

中山门北侧门

盟会的成立,对当时全国革命运动的发展起到了很大的推动作用。1911年,武昌起义爆发,孙中山得知情况后,从美国回国,即被17省代表推举为中华民国临时大总统。1912年1月1日,中华民国临时政府成立,孙中山在南京宣布就职。同年2月,清朝最后一个皇帝溥仪迫于压力,宣布退位,至此,中国延续两千多年的封建帝制终于落下帷幕。1925年3月12日,中国伟大的革命领袖孙中山先生因肝癌在北京逝世。

1927年,冯玉祥东征,便从中山门出发,所以中山门北侧的凯旋门至今保存着中华民国时期的木质城门板,这也是西安18座城门中唯一一处保存着门板的城门。

文昌门是一座与防御无关的城门吗

城门对于一个城来说,其意义不仅在于方便通行,往往还起到防御城池的作用。但是西安的文昌门,却是一座与防御无关的城门。

文昌星,是天上星官的名字,又名"奎星""魁星",位列二十八星宿之一,主宰文运兴衰,被人们尊称为"文曲星""文昌星"。紫薇斗数认为文昌星属辛金,是南斗星,主科举功名。民间则认为它是专门管理人间学子功名的一个天上官员。据说如果被他的朱笔点中,就能

妙笔生花，连中三元。所以，古代孔庙、学府里都建有供奉香火的魁星楼。明清时期的西安府学和孔庙建在城墙旁边，所以魁星楼就顺势建在了城墙之上。上面往往会有魁星的画像或者雕像，而所立魁星塑像一般都是蓬头虬髯，步履踉跄，腰挂酒葫芦，不修边幅，一手捧斗，一手执笔，一副半醒半醉的模样，让人不禁会联想到在民间流传甚广而同样神通广大的济公活佛。两位神仙虽然职责、神通不同，但都拥有一个不羁的形象，都是于不经意间做出让人称道的好事，从而获得人们的尊敬。

1986年，西安城新辟了一座城门，因为在魁星楼下，所以就命名为文昌门了。因此，文昌门是一座与防御无关的城门。

老西安曾经真有两座玄武门吗

提起西安的城门，也许很多人第一时间想起的就是玄武门，其实老西安是有两座玄武门，一座位于大明宫北面，另一座位于太极宫北面，如今这两座玄武门经过历史的沉沦都已不复当年的雄伟，仅存遗址。

这座城门之所以被人们熟知，是因为历史上有名的玄武门之变，其中位于太极宫北面的那座玄武门才是发生玄武门之变的地方。但是您知道吗？当年那场决定李世民是否能够称帝的玄武门之变其实差点就失败了。要讲玄武门之变，还要从李渊起兵反隋说起。

公元617年，李渊在李世民的建议下在太原起兵反隋，并很快攻占了长安。公元618年，隋炀帝被杀后，李渊建立了唐朝，并打算立世子李建成为太子。但据说当初李渊之所以起兵完全是听从了李世民的建议，因此他答应李世民如果推翻隋朝，自己建国称帝就封李世民为太子。

如今李渊先后言行不一致，加速了诸子之间的矛盾。因为李世民在反隋战争中表现得相当亮眼，因此身边聚集了一帮人才，这让身为太子的李建成倍感压力，对此他联合李元吉开始处处排挤李世民。

李建成向李渊建议由李元吉做统帅出征突厥，借此把握住秦王的兵马，然后趁机除掉李世民。李世民在危急时刻决定背水一战，先发制人。

公元626年，李世民向李渊告发了李建成和李元吉要处掉自己的阴谋，李渊决定次日询问二人，李建成得知自己阴谋败露后，决定先进入皇宫，逼李渊承认他才是太子。李世民知道后，马上在玄武门内提前埋伏好，李建成和李元吉一行人走到玄武门时发觉不对头，急忙拔马往回跑，但已经来不及了。此时李世民率兵从玄武门内冲出，李元吉情急之下向李世民连射三箭，全无射中，随后李世民一箭射中李建成，尉迟恭也射死了李元吉。

虽然李建成和李元吉被杀，但李建成的部下冯立在得知李建成被杀的消息后，与副将薛万彻率领精兵两千，飞驰玄武门，与把守玄武门的士兵激战甚久，双方相持不下。后来薛万彻擂鼓呐喊，准备进攻李世民的秦王府，守城将士大为恐惧，均感难料局势朝什么方向发展。危急时刻，尉迟恭提着李建成和李元吉的首级示众给薛万彻等人，城下人马顿失攻战之心，顷刻溃散。

西安城中体现出儒家思想的是哪四座门

老西安的城门不仅有着悠久的历史，有些城门还蕴含着儒家文化，如尚德门、尚武门、尚勤门和尚俭门这四座城门被人们称之为儒家之门，因为四门之名：尚武、尚德、尚勤、尚俭，共同表示的是"良好品德、习武健身、勤俭节约"的儒家思想，反映了儒家思想的核心：仁、义、礼、智、信、恕、忠、孝、悌。

把儒家思想分成一个一个的字，也都各有深意。

仁：是为爱人。这是孔子思想体系的理论核心，也是社会政治、伦理道德的最高理想和标准，正所谓"仁者爱人""仁者无敌"，正是这个意思，其影响尤为深远。

尚德门

义：原指"宜"，即行为适合于"礼"。孔子评判人们的思想和行为，便是以此为道德原则。

礼：儒家认为这是政治与伦理的基本范畴。

智：同"知"，主要是讲认识论。

信：指待人处事时，人的言语要与行动统一，做到诚实不欺。

恕：宽恕大容之意，有道是"己所不欲，勿施于人"。

忠：孔子认为忠乃表现于与人交往的忠诚老实，后来则被封建统治者利用，曲解为只是忠于君王、上司。

孝：孝在孔子看来，是最为重要的"仁"之基础，所以"孝"不仅只是讲对父母的赡养，还应该怀着对父母和长辈的尊重之心。如果没有此心，那么只是赡养父母就无异于饲养猪犬，那是属于大逆的。

悌：指对兄长的敬爱之情。孔子也非常重视"悌"这个品德，他有一个叫"有若"的弟子，根据孔子的思想，将悌与孝并称，共同视为"为仁之本"。

从城门之名，可见古代西安百姓受儒家文化潜移默化影响之深。

老西安的古寺

有历史的地方就会有寺庙，古寺几乎成为讲述和传承一个地方历史的"讲堂"。西安作为著名的古城之一，这里同样拥有众多的寺庙。其实西安的古寺文化并不亚于北京等地，因为西安的古寺大多建于唐朝时期，并且保存也比较完善，虽然唐朝武宗时期发生过灭佛的事件，但这并没有影响佛教文化在西安地区的传播与传承。

老西安的古寺

大慈恩寺是唐高宗李治为追念母亲而修建的吗

大慈恩寺

大慈恩寺位于西安市雁塔中心区,是唐高宗李治在即皇帝位前为纪念其母文德顺圣皇后(长孙氏)所建。

李治为什么要给其母修建这么一座寺庙呢?主要原因有两点:其一,他仁孝,他曾有语"风树之切,刻骨冥深,不能自已,遂而一心思报昊天,追崇福业",大概意思是说丧母之痛,刻骨铭心,每每想来,不能自已,一心只想报答母亲的生育之恩。其二,对父亲的感念之情。

公元642年,晋王李治的两个哥哥(大哥李承乾、二哥魏王李泰)因争夺太子之位而先后被废和被黜。公元643年,唐太宗不顾众大臣的反对,将排在第九位的晋王李治立为太子。就这样,本来和皇位八杆子打不着的李治就阴差阳错地被立为了太子。

既然是对父亲的感念,那为什么又要为母亲造寺筑院呢?这得从唐太宗和皇后长孙氏的关系说起了。

我们都知道,太宗能成为一代明君,与长孙皇后的贤良、识大体、敢于庇护贤臣分不开,唐太宗对她也是宠爱至极,由此两人感情甚笃。在长孙氏因病离世后,李世民陷入了对亡妻的深深思念之中。因其无法遏制自己对皇后的怀念之情,就先后做了很多"出格"的事,如为亡妻在元宫(长孙氏死后所葬之所)的栈道上修建起舍,命人居住其中,如侍奉活人般"侍奉"亡妻;再者,他还在宫中修起了层观,以方便随时观望昭陵,眺望追思亡妻,甚至有时还拉上大臣一起悼念。他的这些作为在古时"以孝为先,夫不祭妻"的社会里,简直是冒天下之大不韪,但这些也只能说明唐太宗对长孙氏的用情之深。由于李治自幼在父亲身边长大(这本也是皇室所不允许的,但可见太宗对长孙氏的思念之深),对父亲的心事了然并铭记于胸。在其被立为太子后,便下令为母亲修建一座寺庙,修建后的寺院华丽宏伟,深得太宗满意。该寺后来被玄奘法师作为其传经布道和收藏经书之所,由此,大慈恩寺也名声更胜。

大慈恩寺内的大雁塔是因何而得名的

闻名海内外的大雁塔位于大慈恩寺西院,系仿西域形式建筑,是唐玄奘为放置经书而主持所建。塔共7层,高64.5米,是西安的地标性建筑之一。

关于大雁塔名称的由来,有好几种说法,但都与雁这种鸟类

大雁塔

有关。

第一种说法是，"雁塔"这个名称原是印度佛教用语，是玄奘从印度翻译过来的。据说，古印度拥护佛教的僧人曾在山石中建五层塔，而最下面一层为雁形，就取名"雁塔"，玄奘因在印度游历学习多年，所以深受印度佛教的影响，回国后便将所建的藏经塔命名为"雁塔"。

第二种说法是，大雁曾为受困于沙漠中的玄奘领过路，救他于危难。后玄奘取经归来，为感念大雁的恩情，便将所建之塔取名为"雁塔"。

第三种说法是，相传，佛祖释迦牟尼曾变为鸽子来到人间救助苍生，而唐时人们用雁代指鸟类，故取此名以报答佛祖救苦救难之恩。

最后一种说法流传最广，且颇具启发性。

据说，印度的佛教起先分大乘佛教和小乘佛教两个教派，而当时的小乘佛教是可以吃肉的，这似乎是与大乘佛教的最明显区别。故事正是由此而来。相传，在菩萨布施的这一天，小乘寺院有一个专管做饭的和尚，正因为没买到肉无法做饭而苦恼，恰巧这时天上飞来一群"一"字排开的大雁，只见领头的大雁无比肥美，小和尚见此，不觉垂涎于大雁的肥胖外形，便自言自语地说："阿弥陀佛，今天寺中因没有肉而无法做饭，不知大慈大悲的菩萨记不记得今天是什么日子。"谁知他话音刚落，只见领头的大雁便一头栽至院中，寺中和尚看后皆惊，悟出此大雁极可能是菩萨的化身，以此来教诲全院的和尚们从此不再吃腥荤。众和尚们体悟到了菩萨的一片苦心，从此便不再吃肉。另外，他们为了感谢菩萨的感化之心，还在大雁坠地的地方建了一座石塔，从此，人们便将佛教中所建之塔命名为"雁塔"。

有关大雁塔名称的来历虽说法不一，但无一例外地都是佛家通过对雁这种生灵的赞美来达到启发人感恩、向善之意，并且这一名称还不失时机地被高僧玄奘带至中国，用于启发国人。

大雁塔建成50多年后，朝廷又出资在位于大雁塔西北方的荐福寺内修建了一座同样形制的塔，只是规模不及大雁塔，为了区别，人们便将这座塔命名为小雁塔，而将大慈恩寺内的雁塔命名为大雁塔，并沿用至今。

如今，历尽沧桑的大雁塔在岁月的洗礼中变得愈发耀眼，愈发彰显出它所蕴含的特殊历史价值。在西安，历来流行这么一句话："不到大雁塔，便枉来古西安。"可见大雁塔在西安人心目中的重要位置。

大雁塔真的是座斜塔吗

在保留至今的古代佛塔中，有许多都被发现存在不同程度的倾斜现象，且倾而不倒，不知是"倾"得不够，还是设计建造时有玄机，流传至今，这些佛塔有的竟"斜"出了名，如苏州的虎丘塔、湖北省当阳县的玉泉寺铁塔等，而闻名中外的"大雁塔"亦在其列。

中国素有"十塔九斜"之说，建于唐时的大雁塔，在岁月的流逝中也出现了倾斜现象。那么大雁塔从建塔至今，为什么变得越来越"斜"呢？它会不会成为第二个"比萨斜塔"呢？

大雁塔之所以倾斜，既有其自身建筑结构及地理方面的原因，也有人为的原因。在公元1719年时，大雁塔就被发现慢慢地有些倾斜，其间的倾斜可能是自身结构所致，由于建塔之初，相关人员可能缺少相关的地质知识和地基处理方面的经验，再加上建塔材料不好等（据说大雁塔当时采用的是"民建官助"的建造方式，即主要由民间发起建造，"官助"体现在这里主要是用宫女们的遗物来做些捐助，这样，恐怕就有资金不足之虑了），这些都有可能成为在漫长的岁月中使塔变"斜"的因素。地理方面的原因，如从建成至今曾经历无数次地震，最有说服力的

就是2008年的汶川大地震，居然让远在西安的大雁塔倾斜了0.62毫米。还有一点，那就是大雁塔所处的位置正好是关中地质大断裂带的边缘，这样的地质情况，亦无法保证其稳定性。

新中国成立后，国家对大雁塔的倾斜问题极其重视，有关部门对其进行测量的同时，也采取了诸多措施来减少和控制其倾斜的速度。

在20世纪90年代，由于西安市大面积干旱缺水，导致人们对地下水的采抽力度达到了空前的规模。尤其在大雁塔周边，很多单位因为缺水，便私自挖井大肆地下取水。这种无限制抽取地下水的做法，使得塔周边的地下水位迅速下降，大雁塔也在此时加速倾斜。面对这样的状况，政府后来采取了"地下水回灌"等诸多措施来防止大雁塔的倾斜，并取得了一些成效。

目前大雁塔的倾斜态势已得到控制，并有逐渐回正的迹象，有关专家预计，照此下去，大雁塔在1000年以后有望"改斜归正"，所以，我们不用担心大雁塔会倾斜成意大利的比萨斜塔般了。

大雁塔下的地宫内真的藏有玄奘取经时带回的珍宝吗

自1987年在陕西法门寺发现唐代地宫后，有专家推测，在举世闻名的大雁塔下面，也藏有千年地宫，这一说法目前已得到相关部门的认可：有关部门已对大雁塔的内部结构进行了探测，经仪器达探测发现，大雁塔地下有空洞，但遗憾的是，目前并未探测出空洞里面到底有什么。

据史料载，唐时玄奘法师西去取经归来，带回了大量的佛经、舍利和金银佛像等宝物，但后来史料中却没有有关这些宝物去向的记载，是被人藏在了哪里，还是已随着岁月的流逝而在寺院中遗失殆尽，都不得而知，这也成为历史学家欲揭开的一个谜团。而法门寺地宫挖掘后出土的大量宝贵文物，让考古学家们不由得眼前一亮：玄奘当年从西域带回的上述宝物说不定就藏在大雁塔地宫下。

读者看到这里也许不免要问，既然猜测大雁塔地宫下可能藏有宝物，那为什么不开挖地宫一看究竟呢？

我们知道，大雁塔的塔身正在倾斜，尚处在"治愈"的过程中，如果因为怀疑地宫藏有所谓的"宝物"而不顾塔的实际情况，在塔下强行开挖地宫，开挖后有没有宝物暂且不说，然而对大雁塔的进一步毁坏是必然的。如果因此而将一座千年的佛塔毁于一旦，那么我们这一代人就成了历史的罪人，且这也是与国家保护文物的政策相悖的。为最大限度保护文物的完整性，国家对所有尚未出土的历史文物都持抢救性挖掘政策，鲜有对其实行主动挖掘的，而大雁塔亦属于此种情况。

上面的讲述不求能为读者解惑，但求可起到抛砖引玉的作用，让大家来此旅游的同时，对大雁塔的各方面知识都有些了解，由此得知中国古迹保存的不易；也让您在欣赏的同时，呵护之心更甚。试想，若人人都如此，岂不是中华民族传承至今的古文物之幸，也是国人之幸矣！

荐福寺的修建与唐高宗的死有何关系

荐福寺位于西安市西南外友谊西路，始建于唐文明元年（公元684年），初名献福寺；天授元年（公元690年）改名为荐福寺。

那么荐福寺的修建与唐高宗李治有什么关系呢？

荐福寺系武则天在高宗李治死后敕命为其追福所建。寺院建成后，武则天经常来这里"上香、放生"。

纵观历史，在一个男权为上的中国古代社会，武则天作为一介女流，能稳坐天下达15年之久，实属难得，且更难能可贵的是，在其当政其间，任人为贤，治国方略稳妥有力，出现了"武周盛世"之象，这都说明了她的不凡之处。那么，细究起来，武皇当时修建荐福寺，仅是为追思其夫李治吗？从历史对武则天的描述和她过人的手段来看，显然没这么简单。

荐福寺

确实，在当时的历史背景下，武则天不失时机地修建了这么一座寺院，并在其正式登基后亲自为其改名、题匾额，足见这座寺院对武则天的特殊意义了。武则天修建荐福寺，除了有这么一个显性的理由作为支撑外，还有两个更深层的含义，这必然与她能更好地统治天下有关。公元684年，刚继位两个月的中宗李显因得罪了其母武则天而被贬出长安，降为庐陵王。随后，武则天便于李显在长安的府邸修建了荐福寺，这一方面向当时的人们昭示了天子伫的地方是不允许他人染指的。另一方面又削弱了唐朝李室在都城的势力。又因为荐福寺为佛家教化世人之地，顺理成章地又成了武则天收服人心、统领天下的一个鼓吹呐喊之地。由上不难看出武则天的高明之处。

不管武则天修建荐福寺的目的是什么，毕竟达到了一举几得，但建成后的荐福寺，确实为民造福不少。

首先，建成后的荐福寺因是皇家寺院，吸引了很多中外僧人来此，有名的为唐时的义净和尚，曾长住在该寺内翻译经书多部，是当时与玄奘法师齐名的著名僧人。该寺也因此而成为继大慈恩寺之后的又一佛教传播重地。

其次，建成后的荐福寺因风景优美而一度成为寻常百姓的娱乐之所。据《南部新书》记载,这里在唐时是著名的戏场,百姓可以在观看戏曲的同时,欣赏寺中的美景。由于荐福寺的景色迷人,也吸引了无数诗人墨客在此题诗留念。

今天的荐福寺,已成为一座集历史名胜与现代城市公园于一体的著名景点,寺院周边环境已得到改善,与寺内的景观更加和谐。寺内的水面也得以扩大,植物丰富多样。每到夏季,寺内绿意盎然,湖面碧波荡漾,走在其中,令人心旷神怡,备觉舒爽。

香积寺中的"香积"是什么意思

香积寺,坐落在西安市南郊的长安区,建于唐高宗永隆二年(公元681年),是中国佛教净土宗祖庭。

在香积寺建造之初,为什么取名"香积寺"呢?里面的"香积"二字又是什么意思呢?

香积寺名称的由来是源自《维摩经·香积佛品》中的"上方界分,过四十二恒河沙佛土,有国名众香,佛号香积"。"香积"二字的意思一目了然,即指佛号。香积寺的建立是为了纪念

香积寺

净土宗的二代祖师善导大师。寺名取"香积"二字,有将善导比作香积佛之意。香积寺环境优美静谧,北靠风景秀丽的樊川,西面有滈河与潏河环绕其间,使它身处静地却不显偏僻。唐朝诗人王维的《过香积寺》一诗,因描写香积寺的静雅而闻名于世。诗人将香积寺的"静"描写得出神入化:

不知香积寺，数里入云峰。

古木无人径，深山何处钟。

泉声咽危石，日色冷青松。

薄暮空潭曲，安禅制毒龙。

全诗采用烘托的手法，通过描写寺院周围的泉水、松林、深潭等景色，来表现出香积寺的静谧，来到香积寺，仿佛来到了人间的一方圣土。

香积寺是为纪念净土宗第二始祖善导大师所建，也是净土宗道场。善导，山东淄博人，自幼出家为僧，一心参禅悟道，最终创净土宗。大师一生著写经卷无数，流传于世的经典主要有《观无量寿经》《阿弥陀经》《无量寿经》和《往生论》等。他为人性善慈悲，教化普度世人无数。据说大师每念一声佛，就有一道红光从其口中而出，念佛数声后即一片光明在前，人称"光明和尚"。公元681年，大师逝世。其死后身体、容貌同活人无异，令世人惊奇。其弟子怀恽，为了表示对师父的崇敬之意，便在终南山麓神禾原建"崇灵塔"，即现在保存于世的"善导塔"，并在塔旁建香积寺。

兴教寺两座舍利佛塔的传说

兴教寺位于西安城南约20公里处，是唐高僧玄奘死后长眠之地。寺院建于公元670年，建成后由肃宗亲题匾额"兴教"二字，寓意兴盛佛教。

在兴教寺的西跨院，有三座呈"品"字形排列的舍利塔，中间最高的一座为玄奘法师的舍利塔，左、右两侧分别是其两位弟子圆测和窥基的舍利塔。据说，唐朝末年，兴教寺毁于战乱，奇怪的是只有这三座舍利塔幸免于难。玄奘一生弟子无数，那么为什么只有这两个弟子可以在死后伴他左右呢？是不是他们对佛教有什么特殊的贡献呢？

确实如此，弟子窥基，俗姓尉迟，字洪道，是大将尉迟恭的侄子。他禀性聪慧，见识超群，十七岁出家，师从玄奘学习梵文佛经，一生著书译经无数，被后人尊为唯识宗始祖。有关玄奘和弟子窥基的师徒之缘，还有一个十分有趣的传说。

相传，玄奘当年只身前往西域，不畏路途艰难。有一日，他路过一个山洞，发现有一个老修行在此入定，玄奘便和他饶有兴致地交谈起来，最后两人约定：玄奘继续西行拜佛求经，而老修行则东去长安城内的皇家投胎转世，待玄奘取经归来，帮助他弘扬佛法。

后玄奘经过千辛万苦，历时十七年终从西域学成归来，并带回了大量的经书和奇珍异宝，他无一保留，将所取得之物悉数上交国库。在得到太宗的一番嘉奖之后，他想起当年和老修行的约定，于是向太宗说道："恭喜陛下。"太宗听后觉得奇怪，"喜从何来呀，法师？""恭喜陛下喜得一龙子呀！"玄奘继续说道。太宗更不知玄奘所说到底何意，便惊呼："没有啊。"玄奘听后，也觉奇怪，便决定偷偷调查，发现原来老修行不清楚长安城内的情况，错投到了大将军尉迟宗家里。玄奘见此，也只好将他和老修行的约定如实告知了太宗，太宗听后便命人去尉迟宗家。当年的"老修行"现已是尉迟宗之子，刚17岁，名尉迟洪道。此时的尉迟洪道早已过惯了锦衣玉食的生活，所以不想出家，于是便提出了三个条件来为难太宗，谁知太宗一一答应，已无退路的洪道只好跟着玄奘来到大兴善寺。寺内和尚得知后，便击钟敲鼓欢迎他的到来，一听到钟声，洪道方才醒悟，原来他就是当年那个老修行，今世投胎转世就是来帮助玄奘弘法的。之后，他便终日伴于玄奘左右，帮助其翻译、整理经书等，且他自己亦著写佛学经书无数。在帮助玄奘翻译经书过程中，他博采众长，并有所创新，将《唯识三十论颂》在去糟取精后由十合一，得《三十颂唯识论》，因此他被后人尊为"唯识宗"第二祖。

弟子圆测，是新罗（朝鲜）王族，15岁来到长安后拜师求学，他不仅精通梵语，还熟悉汉文，在玄奘归国后，便拜玄奘为师，继续研习佛学经典。在他死后，其弟子遵照他的遗愿将他葬于玄奘旁边。

大兴善寺的修建源于一场宫廷政变吗

大兴善寺内景

大兴善寺位于西安市城南的小寨兴善寺西街，最早建于南北朝时期，于隋开皇二年扩建，后更名为大兴善寺，唐时为翻译佛经的三大译场之一，也是中国佛教密宗的发源地。

追溯大兴善寺的建寺历史，可发现其前身为陟岵寺，那么，在南北朝时期，为什么要修建陟岵寺呢？

北周建立之初，宇文泰即逝，其三子宇文觉继位，由于其尚年幼，大权都掌握在堂兄宇文护手中。年少好胜的宇文觉因不满宇文护的专权跋扈，便悄悄与大臣赵贵、独孤信商议除掉宇文护之策。为此，宇文觉还偷偷在宫中招募了一群身强体壮、身手不凡的武士，日夜操练，准备待时机成熟捉拿宇文护。这天，宇文觉又偷偷将赵贵、独孤信召入宫中，在一番密谋后，决定在不久即将举行的一次宫廷宴会中擒拿宇文护。谁知他们不慎走漏了消息，被宫中宇文护的耳目得知，及时通知了宇文护。宇文护听后大怒，遂决定先发制人，杀了赵贵并诛其满门，在罢了独孤信的官后不久亦将其赐死。此番事件发生后不久，宇文觉便被宇文护毒死。公元572年，宇文觉之弟宇文邕继位。他在除掉宇文护后，为了纪念在政治斗争中死去的独孤信而建陟岵寺。随后隋文帝杨坚又对陟岵寺进行了迁址扩建、改名等。

陟岵寺的建立，除却是纪念太保独孤信，还有其更深一层的意思。《大般涅槃经》云，"一切诸法，因缘故生，因缘故灭。"也就是说，大兴善寺的前身陟岵寺是有其特定的历史背景的。

在西魏、北周时期，朝代更迭频繁，社会动荡不安，皇室成员终日在惶惶不安中度日，为真正能掌握实权，让皇位实至名归，他们与权臣之间的斗争从未间断。在日复一日的明争暗斗中，无论是皇室还是臣民，情绪都极度压抑。于是，在宇文护死后，陟岵寺的兴建在一定程度上成了皇室发泄情绪的突破口。"陟岵"语出《诗经·魏风·陟岵》："陟彼岵兮，瞻望父兮。……陟彼屺兮，瞻望母兮。"有登高远眺思念亲人之意，引申为思念父母，后专指思念父亲。而古代将君视为父，广大的百姓被称为子民，由此可窥见当时统治者修建陟岵寺的真正用意：急需通过一种有形的东西来重整社会三纲五常的道理标准，意在提醒当时的人们，不要造反，更不要逾越于君王之上，否则就是违反了君臣之道，其用意不可谓不深。

卧龙寺与诸葛亮有关系吗

位于西安碑林区柏树林街的卧龙寺，隋时称"福应禅院"，后因在唐时保存有吴道子的真迹观音像，又称"观音寺"。在宋初时，高僧惟果到寺住持，因其入寺后终日高卧，人称"卧龙和

卧龙寺内

尚"，宋太宗时便将寺名改为"卧龙寺"。

可见卧龙寺实与诸葛亮没有任何关系。

卧龙寺自建立之初，分别在明、清和建国后进行了三次大修。而在清时的这次扩建，规模较大，因与慈禧太后扯上了关系而被记入史册。

1901年10月，八国联军攻入北京，慈禧挟持光绪帝慌忙西逃。跑到西安，方才"稳定"下来。一时间，"老佛爷驾临西安"的消息传遍全国，于是，各地官员纷纷前来请安、奏事，闹得个西安城好不热闹，人也一下多出了许多。而这些多出来的人的供养也成了问题。为了养活他们，陕西的老百姓不得不每月多交很多赋税，这对本已民不聊生的陕西来说，无疑是雪上加霜。后来百姓活不下去了，就集体到西安请愿，要求"朝廷"减少征税。事件被慈禧得知后，她害怕事态扩大，令岌岌可危的满清王朝更加不堪一击，便下令在西安城内开设粥厂，广济灾民。

卧龙寺因为院落宽阔，又历来是各地僧侣的集中活动之地，在此次救济灾民的行动中，它便当之无愧地担当了"领头羊"的角色：每日大量接纳各地灾民，积极布施食物、衣服、药品等，救人无数。由此卧龙寺的名声更大、更好，前来烧香拜佛的人增多，香火十分旺盛。

1901年8月，慈禧得知回京有望，心情大悦，遂想起自己在西安做的设粥厂、救灾民的事，而重修当时救济灾民的中心——卧龙寺，则可让民众记住她在西安时做的"好事"，以对她的"皇恩浩荡"感激不尽。

重建后的卧龙寺，无论是名声还是文化典藏上都要胜过从前。

宝庆寺塔为何又称"花塔"

宝庆寺塔，位于今西安市南门内书院门街口北侧。公元602年，隋文帝下令在大兴城安仁坊内建宝庆寺，公元809年—公元840年间，唐文宗以五色砖建塔，因他常将所吃的蛤蜊放于此处供养，故在当时又称为"花塔"。在五代时期，朝廷下令将塔迁于寺内。公元1450年—公元1457年间，明代宗皇帝下令重修宝庆寺及寺塔于现址。在以后的历次浩劫中，寺院尽毁，现仅剩明代用青砖筑成的佛塔一座。

新中国成立后，国家将宝庆寺塔列为陕西省重点文物保护单位，并对它进行了修整。修整后的宝庆寺塔，

宝庆寺塔

明显比西安市其他有名的古佛塔矮了许多。由于它地处闹市，又没有了寺院的护卫，从上面俯视它，不免让人心生无限惋惜之意，几百年前留下的佛塔如今只落得孤零零地伫立于闹市，也让它作为历史文物的价值被人忽略，容易误将其认为是现在所建的人造景观，不过还好，有塔前的碑文为证。

宝庆寺塔共7层，高23米，塔内曾藏有各种珍贵佛像无数，但令人无比惋惜的是，清末民初，很多佛像都被人盗走倒卖，至今大多散落于海外。

牛头寺为何会有这样一个奇怪的名字

牛头寺位于西安市长安区韦曲镇东的少陵塬畔，它左边紧邻唐朝诗人杜甫的馆祠，右边是杨虎城将军陵园。

关于牛头寺风景之胜，有唐时诗人杜甫诗句为证："终南最佳处，禅

诵出青霄。群木沉幽寂，硫烟泛状寥。"这首诗形象地描述出了牛头寺风景的幽静雅致。在其中还可远眺终南翠绿如屏的群峰，俯看秀美樊川，大好风光，尽收眼底，真是占尽地利之势。

牛头寺宝殿

牛头寺建于唐贞观十一年（公元637年）。在宋太宗时曾改名为福昌寺，宋哲宗时又复用牛头寺一名至今。在清朝末年，慈禧西逃，驻跸西安时曾在牛头寺山的九龙潭取水饮用，后出资重修牛头寺，牛头寺又兴盛起来。民国期间，牛头寺部分建筑遭到毁坏。"文革"中，寺中大殿由于已成危房而被拆除，殿中佛像亦在这时被砸坏。

牛头寺为什么会有这么一个奇怪的名字呢？说起来还和一个经典故事有关。

相传，在唐时，牛头宗始祖遍照与律宗始祖道宣两人经常在一起辩经论道，博谈古今，且互认为对方不如自己，都想找机会证明自己的宗派高于对方。有一日，道宣想出一条"妙计"，认为这样可以打败遍照。于是他信心满满地向遍照发出邀请，请他到净业寺一聚，并共用午饭。然而遍照并非普通人，他早已看出了这次聚会的玄机，便带了一头牛欣然前往。来到净业寺，见了道宣后，两人又如之前一样谈经论法，好不畅快。眼看已到午饭时间，迟迟不见道宣命人上菜。遍照问及，道宣便徐徐说道："实在抱歉，柴房柴火不济，恐还得等上一会儿。"就这样遍照又等了好久，还是不见饭菜踪影，他心中便知晓了一二，也不再问道宣。只见他站起身对道宣道："也罢，既然柴火不济，贫僧就先添一道菜吧。"道宣正想看遍照如何应对，但见他手边并无什么吃食，听了他如此说,就不解地望向他。只见遍照将所带牛的牛头割下置于桌上,看也不看道宣便兀自大吃起来,直看得道宣全身直冒冷汗。将牛头吃下后,遍照便拜别道宣一路走下山去。道宣好奇,紧追至秦岭北麓的一条山沟旁,见遍照正在水沟里清洗肠胃,剖开的腹部一目了然,道宣看后不觉又倒吸一口冷气,自叹弗如,从此便不再想着与遍照斗法,专心修佛悟道。而遍照吃牛头的故事也广为传播开来,从此人们便把他称为"牛头师父",而把他所住的寺院称为"牛头寺"了。

罔极寺中的"罔极"是什么意思

罔极寺位于西安市东关炮坊街路北,相传是太平公主为其母武则天祈福所建。建成后作为皇家寺院曾显赫一时。慧日法师从印度游历归来后,曾将此地作为净土宗弘法之道场。

罔极寺名称的由来,取自《诗经》"欲报以德,昊天罔极"之句,"罔极"是无极、浩大的意思,即是说母亲的爱如天际般无穷无尽,是报答不完的。太平公主为母亲建寺,即是表达对母亲的无限孝思。

罔极寺

而在民间的传说中,罔极寺还是古代已婚妇女哭诉其不幸婚姻的情绪发泄之所。为什么呢?这得从太平公主的两次不幸婚姻说起。

太平公主从小心性灵巧,能言善道,样貌可人,深得其母武则天和其父唐高宗的宠爱。

公元681年,年仅16岁的太平公主迎来了她人生中的第一次婚姻,

下嫁给唐高宗的侄子——薛绍。不管这次婚姻是否带有政治色彩，但在这段婚姻中太平公主安分守己，可以推测出她的这次婚姻是幸福的。但是好景不长，这段婚姻只维持了短短7年的时间。公元688年，薛绍的兄长薛顗因参与李室宫廷的谋反斗争而被处死。薛绍虽未参与这次谋反行动，但他也受到了牵连，不久，他被武则天下令逮捕入狱，后饿死狱中。武则天这么宠爱太平公主，难道单单就因为怀疑薛绍有谋反之意就如此绝情吗？其实，武则天是想在自己当皇帝之前，让女儿与李家撇清关系，向武姓靠拢。于是，在公元690年的7月，太平公主在其母的安排下，嫁给了武则天的堂侄武攸暨。这段婚姻让太平公主成了政治的牺牲品，显然她不爱武攸暨，这从她婚后的作为中也可看得出来，她曾屡次出轨，后还包养男宠。而罔极寺建于公元705年，正是太平公主的第二次婚姻期间。据说寺院建成后，她经常来寺中居住，表面是为母亲祈福，实则是逃避她不幸的婚姻，所以民间又有罔极寺是专门为婚姻不幸的妇女所建之说。

除此之外，罔极寺的建立，还有其不为人知的政治深意。公元705年，武则天在大臣的逼迫下被迫让位于太子李显。而太平公主则一直是武则天最宠爱的子女，在母亲的政治权力消失后，太平公主或已深深地意识到她将面临的潜在威胁。她选在此时为母亲建寺，意在向人们显示她在李姓皇室中的特殊地位。罔极寺的修建也就成了她自我保护的一种手段。

禅经寺为何会有"阎王殿"的称号

禅经寺位于西安市长安区樊村乡小江村南神禾原北崖，唐代樊川八大寺之一，与同是樊川八大寺之一的华严寺相对而立。据《咸宁长安两县续志》载,禅经寺为唐时杨嗣复所建,在宋朝时其族人将该寺赠予僧人作为佛教寺院。唐时的禅经寺殿堂庄严,寺院内外古柏林立,终年绿意盎然。寺内还挖有一口古井,井水清澈、甘甜,终年不枯,曾造福不少乡民。

在民国时,寺院尚有大殿、禅房等数间。解放后,当地村民将残寺拆毁,在上面建起了一座小学。

禅经寺在民国期间曾是国民党"青训队"的驻扎之所。国民党的特务人员将抓来的进步青年和革命分子关押在这里,对他们施以种种酷刑,以逼迫他们就范,但视死如归的共产党人哪里会害怕,于是,不少人都惨遭杀害。所以,每到晚上,这里就会传出令人毛骨悚然的鞭打声、尖叫声。当地百姓久闻这里的声音,又不敢靠近,由此便将禅经寺形象地称为"阎王殿"。

周懒王斩龙脉的故事发生在圭峰寺吗

圭峰寺坐落于西安市终南山祥峪和高冠峪中间的巨龙岭上。巨龙岭地势不高,风景秀美,水清澈而迂长,是散心游玩的绝佳之地。圭峰寺自建立之初,便与佛教渊源极深,唐朝时华严宗始祖华严五祖宗密曾常年居住于此山中,人称"圭峰大师"。而圭峰寺也因为受了圭峰大师的熏陶而变得幽静异常、高深莫测,至今寺内还留有"密祖贻刹,屡代招提"的碑刻。

圭峰寺所处地理位置绝佳,据说刚好处于圭峰山这条秦岭龙脉的龙头上,而向南不远的五里处官子石,则是龙脉的龙腰。

在唐代,圭峰寺因皇室的驾临而兴盛起来。

唐时,太宗李世民曾亲驾于此,他大赞此地风景独特秀美,而随

行人员则发现了此地风水的玄机,遂奏请皇帝扩建该寺院,太宗欣然应允。建成后的圭峰寺地理位置绝佳,其背靠景色秀丽的终南山群岭,脚下则是物华地茂的关中平原。寺院规模宏大,幽深静谧,分前、中、后三院,成为兴盛一时的皇家寺院。唐会昌年间,由于武宗崇信道教,排斥佛教,故发生了"武宗灭佛"事件。在此期间,大量寺庙被毁,僧尼纷纷被逼还俗,唯有圭峰寺逃过此劫。公元847年,唐宣宗赐予本寺已故的宗密"定慧禅师"谥号。宣宗大中九年,朝廷又命人在圭峰寺刻碑文《唐故圭峰定慧禅师传法碑并序》。如此种种,足可见唐时圭峰寺作为皇家寺院的不凡之处。

圭峰寺据说建于年代久远的周朝,在当地至今还流传着周懒王挥剑斩龙脉的故事。

相传,当年周懒王来此地游玩,当他游玩至圭峰寺时,被这里的景色吸引,驻足观赏一番后乘兴继续向南云游,当来到五里处的官子石时,因不见了圭峰寺的秀丽景色,取而代之的是满眼的奇石峭壁,不免有些扫兴,遂拔出随身所带宝剑,倾力将峭壁斩断,谁知他斩断的正好是圭峰山这条龙脉的龙腰,当即便有一股鲜血喷涌而出,周懒王大惊失色,刚要收剑细看时,只见这一股鲜血已化作一缕青烟向远方飘去。

清凉寺和连战有何关系

清凉寺位于西安市长安区上塔坡村,为华严宗道场之一。寺院始建于隋朝,在"文革"期间被拆毁,现今的清凉寺只剩南北两排20多间僧房。

前国民党荣誉主席连战祖母的陵园就建在清凉寺的南边。连战任荣誉主席后，曾先后三次来清凉寺其祖母的墓园中祭拜。

连战身在台湾，其祖母的墓园怎么会建在西安清凉寺呢？

原来，连战的父亲连震东曾在西安生活达10年之久，连战便是在此间出生于西安的。

1934年，连震东与出身名门的赵兰坤结为伉俪后，两人便一起来到西安定居。1937年，正值抗日战争全面爆发之际，八·一三事变拉开了日本全面侵略上海的序幕，至此，上海沦陷。

连震东和妻子商量后不顾上海局势的危险，将母亲从"虎口"接至西安，一家人终得以团聚。其后，他们在西安屡次搬家，1939年，日本大规模轰炸西安之际，为了安全，连震东当时所在的西京筹备委员会便将办公地点搬到了较为安全的城郊地

清凉寺殿内

区，由于清凉寺地址隐蔽，且环境清幽，便将这里作为了办公地点。而妻子赵兰坤则带着连震东的母亲和年仅3岁的连战也搬到清凉寺西边的杜城村居住。连震东的母亲因病在此间去世，死后就葬在了靠近杜城村的清凉寺中。

连战来西安的清凉寺祭拜祖母，体现了中华民族的孝道，也深刻说明了大陆和台湾文化的一脉之源。

如今的清凉寺，已扩建成了清凉山森林公园，增加了更多富有现代气息的建筑设施，种植了更多植被，也添加了更多娱乐设施。如此一来，更适合现代人休闲旅游的愿望。

草堂寺里的烟雾井是怎么回事

草堂寺位于西安市区户县圭峰山北麓，为三论宗祖庭，是我国佛教史上时间最早和规模最大的佛经翻译场，因以茅茨筑屋，草苫盖顶，以草为堂，所以用"草堂"作名，距今已有1500年的历史。

草堂寺建于后秦，原为后秦国王姚兴逍遥园的一部分。因姚兴笃信佛教，故于公元401年请印度佛学大师鸠摩罗什来长安翻译经书。草堂寺风景优美，翠竹林立，历代许多文人墨客都曾在此

烟雾井

留下了不朽诗篇。寺院浓荫遮盖的西北角靠墙处，有一口终年向外喷烟的古井，人称"烟雾井"。

关于这口井的来历，有两种带有神秘色彩的传说。相传这口井的下面藏有一块巨石，石上盘着一条巨龙，不停向外呼气。巨龙呼出的气从井里冒出，在外面看来就好像有烟雾从井里冒出，这口井就被人称为"龙井"。还有一说，由于草堂寺历经千余年沧桑而始终香火不绝，前来进香拜佛者不计其数，香烟终年缭绕于寺院上空，恰好与山中之气相聚合，久矣形成"烟雾"。

草堂寺中的这口井之所以往外冒烟，在今人看来，恐怕是有其科学的道理的。从地理上分析，由于关中一带多有地热现象产生，地热在地下运动的过程中，会沿地壳的岩缝冒出，在空中形成烟雾。这样就不难明白，这口井中往外冒的烟雾，恰好是地热以蒸汽的形式往外冒出所呈现的特殊现象。

每当夕阳西下，井中烟雾袅袅升腾而起，轻曳于圭峰山之上，在寺院的古钟青瓦间，在竹林掩映间，淡紫色的烟雾环绕其间，让此刻的草堂寺更显宁静、神秘，遂被人冠之以"草堂烟雾"。清代诗人朱集义有一首描写此景的诗句，意境堪称悠远静美：

烟雾空蒙叠翠生，草堂龙象未分明。

钟声缥渺云端出，跨鹤人来玉女迎。

青龙寺里为什么广植樱花

青龙寺原名灵感寺，位于陕西省西安市城东南铁炉庙村北的乐游塬上，为中国佛教密宗寺院。

青龙寺建于隋开皇二年（公元582年），又名石佛寺，唐景云二年（公元711年）改名青龙寺，曾是唐密宗大师惠果的长期居住之地。在唐时来长安的日本僧人非常之多，其中影响最大的就是空海大师。空海大师来长安后，拜于惠果大师门下，一心修习佛学，苦学密宗真谛，后回日本创立真言宗，成为真言宗初祖。

青龙寺内的樱花

青龙寺内广植樱花，恐怕与该寺跟日本僧人的渊源分不开。在唐时入长安的八位大师中，有六位都在青龙寺留下了足迹，除去空海大师外，其他五位分别是圆行、圆仁、惠远、圆珍、宗睿，由此，青龙寺的名声也远播海外。20世纪80年代，青龙寺从日本引进大量樱花栽于寺内，自此以后，每年的三四月间，寺内樱花盛开，满园花香四溢，景色

妙不可言。

唐朝初年，空海与其他七位僧人一起被派来中国学习，学成归国后都有不俗的表现，而空海取得的成就最为引人注目。他通过在中国学习密宗的基础上，归国后创立日本真言宗，此外，还在中日友谊和文化交流中作出了积极贡献，被称为日本的"孔子"。空海自幼禀赋极高，受佛学文化熏陶较早，青年时即跟随遣唐史来长安留学。在长安期间，他游历了长安的所有古寺，拜访了诸多高僧大德，在一次偶然的机会中，相识惠果大师，两人交谈得十分投机，大有相见恨晚之意。在对惠果大师的崇敬之意下，空海毫不犹豫地拜在了其门下学习密宗。除专学佛法外，空海还涉猎了梵文、中国的唐诗、书法技能等，后其还将一些有关文学、医学、天文、建筑等方面的书籍带回日本，对日本文学等领域的进步起了积极作用。在青龙寺学习期间，空海和惠果大师保持了亦师亦友的关系，互赠珍贵礼物之余，惠果大师特赠言空海："早归本乡，以奉国家，流布天下，增苍山海。"空海不负师命，学成归国后，开坛授法，渐渐声名大震，前来求教求学者不断。后在嵯峨天皇支持下，创真言宗。

真言宗的创立，对日本佛学界影响很大，及至今天，它的影响力也丝毫没有减弱，所以，作为与日本佛界渊源最深的青龙寺，现今已成为日本游客来西安的必游之所。

西安城隍庙有多么重要的建筑价值

西安城隍庙位于西安市西大街，与北京和南京的都城隍庙并称为天下三大"都城隍庙"。600多年来，虽久历沧桑，但宏伟依然。

西安城隍庙始建于明洪武二十年（公元1387年），原址在东门内九曜街；明宣德八年（公元1433年）移建现址，统辖西北数省城隍，故称"都城隍"。

其庙规模较一般城隍庙大，分庙院和道院两大部分，现存的有清雍正元年（公元1723年）重修大殿一座，斗拱飞檐，琉璃覆

都城隍庙

顶，前檐格扇门窗处均有雕工精细、图案精美的浮雕。大殿面阔七间，进深五间，殿内正中供奉西安都城隍，两侧配祀判官、牛头马面以及黑白无常等。庙外牌坊前原置立铜狮一对，均为明嘉靖三十八年（公元559年）所铸，现置陕西省历史博物馆大门外。

西安城隍庙是老西安著名的古道教庙宇和商贾贩卖云集之地，现为西安都城隍庙商场，属于陕西省重点文物保护单位。2001年06月25日，西安都城隍庙以明、清时期古建筑的身份，名列第五批全国重点文物保护单位名单。

建筑是时空的艺术，是动观和静观相结合而产生的美学艺术，而像西安城隍庙这样的古建筑更是如此。西安城隍庙为了满足宗教信仰以及古代商家交易的需求，创造出了变化有度的空间序列，让建筑群和单体建筑之间因为形式不同、功能不同、纵横交替等特点，体现出中国传统建筑空间的韵律与节奏之美。

西安城隍庙从建筑的选址和整体布局，到建筑群的空间序列与环境，再到单体建筑的艺术风格，另外还加上精美复杂的装饰雕刻与建筑细节，非常完美地呈现了六百年前顶级明代建筑的特征，堪称同类中的精品。

天下三大"都城隍庙"你知道都是哪些吗

北京、南京、西安三处的城隍庙叫做都城隍庙。

城隍庙，起源于古代的水（隍）庸（城）祭祀，城隍神为《周宫》八神之一。在古时，"城"指挖土筑的高墙，"隍"指没有水的护城壕。古人造城是为了保护城内百姓的安全，起初是为了躲避野兽的侵袭，后来则是为了防御敌人的攻击，所以就要修造高大的城墙、城楼、城门以及壕城、护城河。那个时候，人们认为神无处不在，无处不有，保护人们免于野兽和敌人攻击的城隍，自然也有专司的保护神。城隍神属于道教的神系，人们认为他可以剪除凶恶、保国护邦，并管领本处阴间的亡魂。

城隍庙分为都、府、州三个等级，以都为尊。而且都城隍庙一般都建有仪门、中门、拜亭、大殿等，拜亭左右有斋宿所，形成一个很有规模的建筑群。中国最有名的三大都城隍庙，分别位于北京、南京和西安。

说起城隍庙的建立，其实源于一个叫纪信的人，他是秦末汉初时刘邦的部将。先从刘邦起兵，为部曲长。公元前204年，因为荥阳城被项羽领军围攻而不得解围，于是纪信甘冒大险，扮作刘邦的模样让刘邦逃脱，自己却因此被俘，后被项羽处死。

刘邦垓下战胜项羽后，建都长安，庆功时想起纪信的功劳，就对满朝文武说："纪信功高德重，没有他的计策，我刘邦就活不到今天。我封他为都城隍，并为他建庙塑像，让他永享香火。"后来刘邦还下令全国各县建城隍庙。所以后人称纪信庙为"城隍庙"，纪信就成了"城隍老爷"。

随着历史发展，城隍庙被大众所接受并欢迎，也随之增加功能，里面也开始供奉主管功名科举的文昌帝君、忠义无双的关圣帝君、赐人子嗣的九天圣母、送子娘娘、保佑健康长寿的药王孙思邈和有求必应的吕洞宾祖师。

为什么说丰德寺是关中一大名胜古迹

千年古刹丰德寺,在陕西省西安市长安区滦镇沣峪口东山坡上,是南山律宗祖庭。据寺碑记载,该寺创建于唐高宗李治永徽年间(公元650—655年)。寺内有清乾隆五十八年住持通慧等重修的碑石,同治年间遭兵灾寺庙被毁,光绪十九年重修,有住持颖川等所立碑石。在中国佛教史上占有相当重要的地位,在海内外享有很高的知名度。

丰德寺

丰德寺是由隋文帝御赐而得其名,又因唐高僧道宣律祖长居此山著疏撰钞、设坛传戒、弘演律学,并在此完成了南山三大部著述,即《四分律含注戒本疏》《四分律删补随机羯磨疏》《四分律删繁补缺行事钞》等,而流传海内外,由此丰德寺又名丰德律寺。丰德寺,始建于隋,兴盛于唐。丰德寺创建时代可能还在唐高宗永徽年间之前,唐代高僧智藏、道宣、圆测都在丰德寺住过。寺内曾有道宣律师建立的戒坛,也是道宣律师弘扬律宗佛学的圣地。圆测法师在东都佛授记寺与武则天万岁通天元年(公元696年)圆寂后,曾分骨葬于终南山丰德寺岭上,至宋政和五年(公元1115年),又从丰德寺分骨葬于兴教寺玄奘法师塔左,建造新塔。但道宣、圆测均在后,而智藏却在前。据《续高僧传》记载,智藏

俗姓魏，十三岁出家，隋文帝开皇三年（公元583年）住终南山丰德寺，唐武德八年（公元625年）圆寂于丰德寺，终年八十五岁。故丰德寺很可能创建于隋代，唐高宗李治永徽年间应是重建或重修。纵阅千年古刹丰德寺近1500年的沧桑历史，它曾有无尽光辉的历史，亦有映尽海内外灿烂辉煌的过去，然而更有不堪入目的昨天和百废待兴的今天，以及充满希望的明天。

解放后，寺内殿宇比较完整，住僧一人。1960年调整由比丘尼住寺。"文革"期间，殿宇和宗教文物受到严重破坏，山门外明代所铸的一对铁狮子、钟鼓楼及两棵古柏树被毁，韦陀殿的四大天王像、大殿的三座佛像和东岭之菱形塔亦被拆除。1986年，住寺僧尼各方集资，翻修了大雄宝殿和新建部分房舍，佛像塑金身、寺庙换新颜。

丰德寺既是道宣律师宏宣律学的有关古刹，也与法相宗有重要关系。而圆测法师亦在此住过，并有舍利塔。

丰德寺现有大雄宝殿五间，殿内供有释迦牟尼佛、阿弥陀佛、药师佛及观音、文殊、普贤、地藏菩萨七尊雕像。佛前幡幢幔垂，法器陈列井然，灯光明亮，肃穆庄重。大殿前有韦陀殿三间，内供有韦陀、弥陀佛像两尊。斋堂三间，山门房三间，南廊坊三间，北廊坊七间。大雄宝殿前竖有金刚经幢，久经风雨剥蚀，字迹盖不可辨认。

寺内存有清代碑石两块，院南三塔巍然矗立，现住比丘尼二十余人。

如今寺院内古木参天，花木郁郁，每逢风和日丽的季节香客游人络绎不绝，堪称关中一大名胜古迹。

悟真寺是佛教净土宗发祥地吗

悟真寺位于秦岭北麓莲花山，距西安市51公里，距西安市的"后花园"蓝田县城15公里。悟真寺为隋唐古刹,佛教净土宗的发祥地,被东南亚净土宗佛教信徒尊为祖庭之一,在佛教文化中占有比较重要的地位,在日本、韩国很有影响力,在世界佛教文化中也具有一定地位,自古即有"圣坊仙居"之称。

悟真寺年代久远,其历史可追溯至西晋以前。隋开皇十四年(公元594年),高僧净业奉诏兴建,正式称名"悟真寺"。隋末唐初,历经修建,至唐开元初期,已成为拥有上、下两院,含上方北院、上方南院、橡湾竹林寺、山北水陆道场、河湾口华严院,共六大寺院群落,殿宇庭堂4000多间,僧众1000余人,拥有山场田产5000亩以上的超一流寺院。

隋唐之际,悟真寺高僧云集,名德会聚。仅百余年间,明见史载的便有:净业、慧超、法诚、法盛、静藏、空藏、慧远、慧因、保恭等一大批高僧。其

悟真寺

中净业、静藏先后在长安鸿胪寺教授外国学僧,启芳、玄果为现证三昧往生之先达,法藏尊号华严大师,法盛赐号悟真禅师,楚金敕谥大圆禅师,慧超与天台智者大师同为大苏山慧思大师上足,慧远为三论宗吉藏大师上足,保恭为唐初十大德之首,慧因亦为十大德之一;并皆德高化广,神智超异,帝王归敬,道俗尊仰。

然而,真正令悟真寺大放光彩、名传千古的是被尊为"弥陀化身"的净土宗开宗祖师——善导大师。

善导大师(公元613—681年),山东淄博人,另说安徽泗县人,俗姓朱。因常住终南山悟真寺,号"终南大师";又因口念佛号,随出光明,尊称"光明大师""光明和尚"。传世著作有《观经四帖疏》《法

师赞》《观念法门》《往生礼赞》《般舟赞》五部九卷，大部分写于悟真寺。净土宗由善导大师在悟真寺创立，悟真寺为净土宗根本祖庭和根本道场。因为善导大师，悟真寺蜚声中外，誉播全球，名传千古，万代常鲜，成为全世界净土行人共同向往的圣地祖庭，永久住于人们的记忆。

由于高僧净业、静藏在鸿胪寺四方馆教授外来学僧，隋唐时期日本与朝鲜半岛三国多有学问僧及留学僧来往悟真寺。善导大师的著作经由留学僧带回日本后，对日本社会民众产生了深远的影响，历来日本佛教信仰极为发达，而信徒尤以净土为最多，对善导大师极为敬仰，尊为高祖。为追仰祖恩，感念祖德，仅日本净土宗一派，至少有十家寺院冠名"悟真寺"，四十家寺院名"善导寺"，而以大师别号命名的"光明寺""光明院"竟多达近百所，可见其深受重仰，也可见悟真寺从始即为国际性的净土宗大寺，乃至历经千余年，仍在异国备极推崇。

经唐末会昌法难，悟真寺被破坏殆尽，此后历朝时兴时废，时至今日伟寺不存，唯留香火传续未绝。原上方北院处现存寺院，为民国时所建，称"上悟真寺"。原山北水陆道场，仍存水陆殿，现称"水陆庵"，水陆庵作为悟真寺景区必不可少的一部分，为六朝名刹，是悟真寺历史文化价值的重要体现。其中的泥塑是我国最多、最完整的明代塑群之一，其壁塑等级被称为中五彩泥质壁塑，在我国壁塑艺术史上占有一定的地位，是国家一级保护文物。享有"中国第二敦煌"之美誉。水陆庵由大殿、中殿、前殿和厢房配殿组成：大殿是主体建筑，保存有明代壁塑群；中殿原是弥勒殿，为清末民初建筑；前殿于1983年按原貌修复，前殿檐中挂有原中国佛教协会会长赵朴初先生所提"水陆庵"匾额；另有厢房配殿众多。至于史籍所载的上方北院和南院，至今仍有净土别院、观音堂、三宝堂、弥勒阁、画龙堂、法华堂、法华台、钟楼、南多宝塔与碥梁的进香阁遗址可循迹考查。

老西安的民俗特色

　　每一个地方都有自己的地方特色，其中民俗是最具代表性的一种。自然西安也会有西安的民俗特色，例如老西安人是如何过除夕的？老西安人为何要过"马日"？"爱天管物"又是什么节日？这些都是老西安人的节日特色。除此之外，美食和土特产也是西安民俗特色的一部分，而这些美食和土特产背后也隐藏着很多有趣的故事，例如美味可口的羊肉泡馍真的是赵匡胤发明的吗？西安金线油塔是一座塔还是一种美食？西安鱼化陶哨又是一种什么物件？等等。

老西安的节日特色

"煮五豆"与腊八粥是同一回事吗

"煮五豆"是西安人每年在腊月初五这天的一个习俗。人们通常认为西安的"煮五豆"与北京的腊八粥是一回事,其实并不是这样的。老北京人的腊八粥是腊月初八这天用八种不同的食材所熬制的。而"煮五豆"则是用五种豆子作为材料,这五种豆子分别是:绿豆、黄豆、豇豆、蚕豆、豌豆。在老西安的民间还专门有一首关于"煮五豆"的民谣:"绿豆绿,莫忘苦当初;黄豆黄,莫忘做文章;豇豆豇,莫忘菜汤汤;蚕豆蚕,莫忘三更寒;豌豆豌,做官且莫贪。"据说,这"煮五豆"的习俗是从北宋欧阳修那里流传下来的。

五豆

相传,欧阳修年轻时家境十分贫寒,为了生计他不得不卖字谋生。一次,在路过一家员外门外时,正巧赶上员外的女儿在飘彩选夫,欧阳修无意中彩。可是员外嫌欧阳修贫寒,不同意将女儿嫁给他,但员外的女儿却认为欧阳修将来一定会有所作为，执意要与欧阳修结为夫妻。员外无奈，只好将女儿和欧阳修赶出家门。从此以后，欧阳修奋发图强，每天都坚持学习，还将卖字换来的银两都交由妻子保管，妻子也十分勤俭，每天都会用豆子做成稀饭来吃。最后，欧阳修终于金榜题名，并且官越做越大，妻子为了时刻提醒他当年的艰难生活，在一年的腊月初五这天，就用五种豆子做了一碗以前他们常喝的稀饭，欧阳修一尝连说："难吃，难吃。"妻子告诉他，这就是当年我们经常吃的"五豆粥"，希望不管你官做得有多大都不要忘记当初。于是，欧阳修决定，每年的腊月初五都和全家人一起喝这种"五豆粥"，以警示自己和勉励家人。

后来，"煮五豆"流入了民间，每年的腊月初五这天便有了"煮五豆"的习俗。

老西安人也有"吃腊八"的习俗吗

老西安人在腊月初八这天也有"吃腊八"的习俗。

在过去，西安人在腊月初八这天家家都要"吃腊八"，所谓的"吃腊八"就是喝腊八粥。但老西安人的腊八粥不同于其他地区的腊八粥。老西安人的腊八粥包括"扁食"、红白萝卜、包菜、肥瘦肉丁、豆腐丁、大米和"麻食"。其中的"扁食"和"麻食"都是北方地区的一种面食。"扁食"其实就是饺子，在那时的西安又叫"疙瘩"或"背抄手"。这八种食品就是老西安人所说的"吃腊八"。老西安人用"吃腊八"来庆祝一年的辛勤劳动成果，寓意在一年之末的大丰收和来年的风调雨顺、吉祥如意。

老西安人"吃腊八"的由来相传与秦始皇筑长城有关。当年秦始皇在修建长城时，召集了成千上万名劳工，这些劳工长年不能回家，每天吃的粮食都要靠家人送来。但有些劳工家隔千山万水，粮食极少能够送到，因此不少劳工都饿死在修筑长城的工地上。有一年的腊月初八，几十个好几天没有吃东西的劳工将积攒下来的五谷杂粮合在一起，放在锅里熬粥喝，但毕竟人多粮少，最后还是饿死了不少劳工。后来人们为了悼念这些为修建长城而死去的劳工，就保留了在每年的腊月初八"吃腊八"的习俗。

腊月二十三这天为何要"送灶"

腊月二十三在民间又叫"过小年"，在这天老西安人都有哪些风俗习惯呢？

老西安人过小年时有"打烟牵"的习俗。所谓的"打烟牵"，就是每户人家都会打扫自家的院落及屋前屋后的卫生，把沉积在家里的灰尘打扫干净，以崭新的面貌迎接即将到来的春节。

相传腊月二十三还是灶王爷和灶王奶奶返回天庭的日子，这天灶王爷和灶王奶奶会离开人间，回到天庭向玉皇大帝禀告一年来人间发生的所有事情。为了让灶王爷在玉帝面前多说好话，因此老西安人会在腊月二十三这天祭灶。祭灶多在黄昏之后举

灶王爷

行，一家人先到灶房，摆上桌子，向设在灶壁神龛中的灶王爷敬香，并供上用饴糖和面做成的糖瓜等。然后将竹篾扎成的纸马和喂牲口的草料与饴糖供奉灶王爷，这是让他老人家甜甜嘴。最后在院子里堆上松树枝

或其他易燃的树枝，将供了一年的灶王由神龛中请出，连同纸扎的马和草料，一同焚烧。全家人则要围着火叩头。在祭灶后，全家人则会一起吃饺子。

"蒸馍馍"是老西安人哪天的习俗

"蒸馍馍"是老西安人在腊月二十九的习俗，到了这天，每家每户都会蒸馍馍，并且一蒸就是一天。蒸这么多的馍馍，一来是为了自己家人吃，二来是到了过年的时候，用来招待客人，还有一个原因是，正月初一这天已婚嫁的女儿给自己父母拜年时，这是父母送给女儿的礼物。所以，在蒸馍馍的时候，都会选用上等的面粉，在蒸的时候也要掌握好火候，以免将馍馍蒸坏。

所谓的"馍馍"，有很多种，包括馒头、油旋旋（花卷）、糖包子、豆沙包子和"糊油包子"。其中，值得一提是"糊油包子"，它主要是用生猪油和小麦面粉搅拌在一起，用刀剁，直到剁茸为止，然后再放上葱姜蒜等佐料，捏成丸子作为馅，再用包包子的皮裹上，捏成"飞碟"状，最后入锅蒸。等"糊油包子"出锅后，趁热吃，那味道真是妙不可言。最初的"糊油包子"是甜食，所以吃起来有点腻，但经过改良后，便成为了人们喜爱的食物。

老西安人是如何过除夕的

过年是中国最隆重的传统节日，那么老西安人是如何过除夕的呢？

在大年三十中午十二点左右，家家户户开始贴春联，并准备晚上的年夜饭，老西安人的年夜饭被称为"谈年饭"。为何会有这么奇怪的一个名字呢？大年三十这天，人们不论是在外打工，还是在家务农，在忙活一年后，都回到家中，坐在一起吃这顿年夜饭，因为家人们边吃边谈，所以就有了"谈年饭"这一叫法。这"谈年饭"，老西安人并不是都在晚上才开始，有的甚至从下午两点多就已经开始了。

烤火守岁

在进入黄昏时还要为家里已过世的亲人"送亮"。人们来到先人们的坟地前，先将坟墓前的荒草和碎石清理干净，再在坟墓上用两根小树枝将事前用纸糊好的灯笼挂在上面，再把蜡烛放入灯笼中点亮，过去人们通常是点小煤油灯，之后上香、磕头，祭拜先人。

相传，这个习俗是自朱元璋而始的。朱元璋在没有做皇帝之前相当贫穷，每年过年的时候都要靠赊年货来过年。后来，朱元璋的母亲去世，朱元璋没有钱安葬其母，就随便找了个地方把自己的母亲下葬。再后来，他做了皇帝，回家祭祖时找不到自己母亲的坟墓，就将山上所有的坟墓前都点上了灯笼，他对山祭拜，那些承受不了他帝王之气的灯笼就全部熄灭了，只有他的母亲墓前的灯笼依旧明亮，后来就有了"送亮"这一习俗。

除夕夜里人们还要守岁熬夜，一家人围着火炉，边烤边聊天，谓之"笼火烤"。如果饿了可以烤几个馍馍来吃。"笼火烤"是十分讲究的，老西安人民间有句俗语说："三十晚上的火，十五晚上的灯"。

大年初一这一天老西安都有哪些禁忌

过了除夕夜，就是大年初一。正月初一，俗称"年关"，因为这天是农历年的第一天，老西安人认为这天应该"慎始"。过去的老西安人，在年初一这一天有着很多讲究和禁忌。

大年初一的早上，每户人家都起得非常早，穿上新衣，戴上新帽，到亲朋好友家拜年。在出门之前，一定会先在门口放上一挂鞭炮，谓之"出行"。拜年时，如果受拜之人还在床上，则视为不吉利。在吃完早饭后，孩子们要随父母去给姥爷姥姥拜年。

这一天的禁忌还有很多，如忌吵嘴、忌洒扫、忌出殡、忌剃头、忌直呼别人的名字、男人还忌相互斗狠斗富、女人忌倚门卖俏等。这一天，洗完脸后不能叫"倒水"，这是因为，老西安人说"水了"就是穷了的意思，家里的妇女也不能做针线活。

更有意思的是，老西安在初一的早上，还要用白面馍馍和黑面馍馍来喂牛，如果牛吃的是白面馍馍就意味着，这一年里将会有很好的收成；如果吃的是黑面馍馍就意味着，家里一年的收成会减少一半。

西安的"小年朝"指的是什么

老西安人所谓的"小年朝"实际上就是正月初三这天的一个称谓。在"小年朝"这天，老西安人有很多禁忌，如禁走亲访友，忌宴请。这天每家每户都会在家里祭拜天地和先祖。除此之外，老西安人还认为"小年朝"这天是五谷的生日，因此还要拜谷神，以庇佑一年会风调雨顺，五谷丰登。

这天老西安人还有一个风俗就是当天晚上每户人家都会睡得很早，这是因为相传这天是老鼠结婚的日子，人们为了不让老鼠"成婚"，以免他们的鼠子鼠孙们会偷吃家里的粮食，就早早地熄灯入睡了。

那么正月初三为何被老西安人称为"小年朝"呢？为何要禁忌人们出门走亲访友呢？

根据《清嘉录·小年朝》记载："（正月）初三日为小年朝，不扫地，不乞火，不汲水，与岁朝同。"按照古人的说法："岁朝为初一，一生二、二生三、三生万物"，因此正月初三这天，又叫"小年朝"。

之所以禁忌人们出门走亲访友，是因为传说正月初三这天是"赤狗日"。"赤狗"就是民间传说中的火焰神，如果这天人们出门遇到"赤狗"，就寓意着要发生凶事，如果要去拜访亲友，则很有可能与亲友发生口舌之争，因此这天是禁忌人们出门拜访亲友的。

老西安人正月初五都有哪些习俗

"出五清"是老西安人在初五这天的一个习俗。那么何为"五清"呢？

所谓的"出五清"就是人们从正月初一到初五这五天中家里所积攒的垃圾，在初五早上统一倒放在街道上的一个十字路口处，然后点上香，再放上一挂鞭炮，送走家里这几天的脏物，以示家里干干净净。

出五清吃饺子

在正月初五这天老西安人除了"出五清"还有"破五"的讲究。

所谓的"破五"就是因为在初五之前人们有很多禁忌,但从初五这天就可以破忌了。"破五"的由来有很多说法,其中最广为人知的当属来自《封神榜》中的记载,相传当年姜子牙在封神时,将背叛自己的妻子封为"穷神",令她"逢破即归"。在神话传说中姜子牙的妻子是一位让人讨厌的背夫之妇,被封为"穷神"后,更加为人们所厌恶。所以人们在正月初五这天为了"破"她,就有了"破五"的习俗。

老西安人在这天会吃搅团,意思指将一些不如意的东西用这糨糊般的食物粘住,又说是"吃穷饭,除穷根"。在陕西其他地方"破五"时还有吃饺子的习俗。初五这天人们一大早起来先将家里清扫一遍,再放鞭炮,然后一家人开始煮饺子吃,这天吃的饺子不叫饺子而叫煮角。这些饺子都是在头一天晚上提前包好的。有趣的是在包饺子时,会先点上一炷香,在盛放饺子馅的盆里绕上一圈,然后再包。

这就是老西安人初五这天的风俗习惯。

老西安人为何要过"马日"

"马日"是老西安人正月初六的一个习俗,这天,西安人会在喂养马匹的马厩门前和棚梁上贴上"六畜赐福""槽头兴旺"等吉祥文词。那么正月初六老西安人为何要过"马日"呢?

"马日"的出现相传与女娲娘娘有关。据说当年女娲在造物时,从正月初一到初七先后造了鸡、狗、猪、羊、牛、马、人,因此初六这天叫"马日"。这只是一个神话传说,实际上西安人过"马日"是另有原因的。因为西安是秦、汉等多朝的都城,因此秦商(陕商)常年要依靠马车运送货物,尤其自汉朝丝绸之路开辟以来,马车运货成为最重要的交通工具。因此,西安人对马有着不一样的情感,将正月初六这天定为

"马日",来祭拜马为人们所作的贡献。

老西安人正月初十为何又被叫做"看天管物"

老西安人习惯称正月初十这天为"看天管物",那么何为"看天管物"呢?

在古代,相传正月里从初一到初十这十天都是一种"事物",都由上天管理着。初一为鸡,初二为狗,初三为猫,初四为鼠,初五为牛,初六为马,初七为人,初八为谷,初九为豆,初十为麦。这十天根据每天天气的好坏来判定一年里会有怎么样的征兆,如果初一这天天气晴朗,说明在这一年里,家里喂养的鸡会非常健康;初四这天如果天气不好,则寓意着这一年,家中的老鼠会少很多;初九这天如果天气不错,则说明今年的豆类农作物会有不错的收成,反之亦然。虽然,这多少有些迷信,但也反映出老西安人对美好生活的向往,同时也形成了老西安人特有的节日习俗。

正月初十还被老西安人看为是"石头"的生日,在这天还有十不动的讲究。所谓的"十不动"即不动刀斧、不推磨子、不碾谷子、不捶布、男不挑担、女不弯腰等。

老西安人是如何过正月十五的

正月十五被老西安人称为"十五",老西安人认为这天是天帝的祭日,人们在这天要诵经念佛,吃元宵,禁荤食。在包元宵时,人们都会将一枚铜钱放入元宵中,在吃时,如果谁能吃到带有铜钱的元宵,则寓意着一年都会财富旺盛。老西安民间还有句谚语说:"正月十五雪打灯,八月十五云遮月",可以看出老西安人有喜阴忌晴的习俗,如果正月十五这天阴天,则寓意着接下来的一年里雨水较多,庄稼会有一个好的收成。

老西安人过"十五"最热闹的要属晚上了。正如花鼓戏里唱到的:"正月十五月儿圆,狮子龙灯采莲船。"正月十五这天傍晚一家人吃完晚饭,再次给已故的亲人"送亮"后,每家每户都会在自家大门上挂上五颜六色的长明灯。等天彻底黑下来后,街上就热闹了起来。人们开始"耍狮子""舞龙灯"。

可以说整个春节里,最好玩的就是正月十五这天,因为从正月初五那天"破五"之后,人们百无禁忌,除了品尝元宵的美味之外,还可以无禁忌地玩耍。

在正月十五过后,老西安人在正月十六这天还有"游柏柏"

舞龙灯

的习俗。"游柏柏"就是人们将柏树的树枝,插在头上,然后走亲访友,头带柏树枝,寓意着在一年里百病消除。

您了解老西安人是如何过填仓节的吗

正月二十五这天,民间俗称填仓节,是象征新年五谷丰登的节日。因为填仓节中的"填"与"天"谐音,因此又称为"天仓节"。那么您了解天仓节的由来以及老西安人是如何过填仓节的吗?

根据宋代孟元老《东京梦华录》中记载:"正月二十五,人家市羊豕肉,客至苦留,必竟而去,名曰填仓。"关于填仓节在民间一直流传着一个故事，相传在很早以前，中国西北地区连续三年遭受大旱，赤地千里，庄稼颗粒无收。可是当时的皇帝不顾百姓的死活，像往年一样向百姓征收繁重的苛税，弄得百姓们怨声载道，饿殍遍野。当时有一位负责看守粮仓的官吏，目睹这一切后于心不忍，便打开粮仓来救济受灾的百姓。他知道自己这样做肯定会惹怒皇帝，于是当他让百姓把粮仓里的粮食拿完后，自焚于粮仓中。这件事就发生在正月二十五这天，后来人们为了纪念这位好心的官吏，重新修补了被烧坏的粮仓，于是这天便成了填仓节。

老西安人在填仓节有打扫院落、画仓囤、不外借东西等习俗。填仓节这天早上，人们便用笤帚打扫院落墙壁，扫除昆虫以防虫害，并烧纸焚香祭奠，以消灾除难，祈祷丰收和人财兴旺。所谓的画仓囤即在地上画一个粮食囤，放置五谷，用石头压住，象征粮盈食满。填仓节这一天，各家各户均不向别人家借东西，即使有人来家里借东西也必须拒绝，在民间已成为古老的习俗。讲究喜进厌出。囤里要添粮，缸里要添水，门口放些煤炭以镇宅。旧俗农民卖粮，忌在此日。

老西安人过清明节为何要吃咸馓子

咸馓子

清明节是中国的传统节日，老西安人在清明节时期都有哪些民俗呢？老西安在清明节时除了有扫墓祭拜先人、折柳插柳、踏春等活动外，还有吃咸馓子的习俗。

那么什么是咸馓子？为何

老西安人在清明节时要吃咸馓子?

西安咸馓子已有两千多年的历史,主要是由糯米面粉或白面米粉搓成长条,挽成环形,放入油锅里烹炸而成的,起初,这种食品是回族和撒拉族的面食,用在过节以及婚丧等大事时招待客人,但后来随着民族的迁徙和融合,馓子逐渐成为了陕西地区尤其是西安的特色小吃。

因为清明节与寒食节相近,老西安人为了纪念春秋时期的介子推,在清明节这天会食素,因此就有了吃咸馓子的习俗。

老西安人是如何过端午节的

每年的五月初五这天是中国传统节日之一的端午节。端午节又被称为午日节、五月节等。端午节的来源有很多说法,如为了纪念战国时期楚国诗人屈原、纪念伍子胥、纪念东汉的孝女曹娥等,其中最广为人知的则是为了纪念屈原。那么您知道老西安人是如何过端午节的呢?

挂艾蒿

端午节吃粽子是西安人最重要的习俗之一,据记载,中国最早的粽子出现在春秋时期,当时的粽子叫"角黍",因为那时的粽子是由黍米制作的,外面由菰叶包裹而成,其形状很像牛角。到了晋代,粽子被正式定为端午的应节食品。晋代时的粽子主要以糯米为主,还增加中药中的益智仁,因此当时的粽子又叫"益智粽"。唐宋时期吃粽子已经成为一种时尚的象征,诗人苏东坡有"时于粽里见杨梅"的诗句。元、明时，用来包粽子的叶已从菰叶变革为箬叶，后来又出现用芦苇叶包的粽子。吃粽子的习俗千百年来盛行不衰，不仅如此，这一习俗还流传到了朝鲜、日本及东南亚各国。

此外，老西安人在端午节这天还有佩香包、插艾蒿等习俗。因为农历的五月份已经进入夏季了，一些有害有毒的虫子都渐渐开始旺盛活动。人们利用佩戴的香囊和在家里插的艾蒿的香味来驱赶这些虫子，并且佩香囊和插艾蒿还有祈求平安的意思。

但老西安过端午节很少有划龙舟的，因为西安地处中国西北，这里水源相对稀少，所以划龙舟不是很常见。端午节划龙舟多见于南方地区。

老西安的中秋节有哪些习俗

农历八月十五是我国的传统节日中秋节，也是我国仅次于春节的第二大节日。因为八月十五处于秋季的中间，所以有了中秋节的称谓。按照古代历法，把处在秋季中间的八月，叫"仲秋"，因此中秋节又叫"仲秋节"。中秋节时月亮圆满，象征团圆，因而又叫"团圆节"。

中秋节在唐朝时被正式定为节日，中秋节的由来与唐玄宗游月宫的神话传说息息相关，相传一年的八月十五，唐玄宗在宫中祭月时请来道长做法，道长将手中的拂尘化为银桥，唐玄宗踏过银桥进入月宫，看到月宫外的大树下玉兔正在捣药，宫内的嫦娥仙女随着悠扬的乐曲，翩翩起舞。唐玄宗从月宫归来后，便将八月十五中秋节定为节日。

那么老西安人在过中秋节时都有哪些习俗呢？

拜月是老西安人主要的习俗，拜月主要是家中的女性成员来祭拜，因此西安民间流传"男不拜月，女不祭灶"的俗语。拜月不仅在民间，古代的帝王也有中秋祭月的礼制,中秋拜月在唐朝时极为兴盛,很多诗人的名篇里都写到过关于咏月的诗句。

除了拜月,老西安人还有赏月吃月饼的习俗,月饼象征着团圆。关于月饼的起源有很多说法,其中一种说法认为,在唐朝以前中原地区没有月饼,它是由西域地区进贡给唐朝皇帝的一种胡饼演化而来的。据说,当年杨贵妃与唐玄宗在中秋节这天赏月时,御膳房拿来一盘胡饼,杨贵妃品尝后感觉十分好吃,于是就问御厨这种饼叫什么,御厨说这是西域地区进贡来的胡饼,杨贵妃抬头看了看天上的圆月,便说胡饼这个名字不够雅致,不如就叫"月饼"吧。于是就有了月饼这一名字。虽然只是一个传说,但中秋节吃月饼的习俗,确实在唐朝时已经出现。

老西安人中秋节还有做馍、全家人一起吃馍的习俗,这种馍也称"团圆馍"。"团圆馍"有顶、底两层,中间加上芝麻,再在馍的上层用大碗拓一圆圈,象征着中秋月圆之夜。"团圆馍"在烙出锅之后,切成尖牙状,家里每人一牙,如果家里有外出未归者,则留下一牙。如果有出嫁的姑娘,娘家要将"团圆馍"送到姑娘那里,以示全家团圆。

团圆馍

老西安人是怎么过重阳节的

老西安人在过重阳节时,依然保留了登高、吃重阳糕和赏菊花、饮菊花酒的习俗。

重阳节登高,插茱萸,举目遥想亲人或朋友,是重阳节不变的主

题，所以重阳节又被叫作"登高节"。唐代王维的《九月九日忆山东兄弟》千百年来广为流传，写出了无数在异乡游子的思乡之情。现在的西安人在过重阳节时，茱萸也是一个不可缺少的主题，在农村的有些地方，依然会在重阳节这一天插茱萸来怀念远在他乡的亲人，而在城市，人们多是互送茱萸，以表达相互的情谊。在唐朝时，还流行将茱萸插在头上或佩戴于手臂上等，因为人们认为，这样可以避邪，这在晋代葛洪的《西京杂记》中就有记载。

在重阳节这天，人们还会做重阳糕来吃。重阳糕又被称为花糕、菊糕等，制作的样式随意，没有特别的要求，也有将糕做成九层宝塔形状的，做完后，还要在最上一层放两只小羊，以映衬九九"重阳"之意；也有的在糕塔上点灯，以代表"登高"之意。重阳糕一般在九月九日这天天亮前做好，在天刚好亮时，用片糕来搭儿女们的额头，并口中念念有词，以此来祝愿子女百事如意、节节高升。

重阳节这天，除登高、吃重阳糕外，还有一项历来被文人雅士所推举的活动——赏菊并饮菊花酒。相传这个习俗乃出自晋时的隐士陶渊明。陶渊明一句"采菊东篱下，悠然见南山"将隐士的与世无争和菊花的高洁联系起来，故菊花又常被用来比喻隐士。陶渊明作为一代隐士，其高洁的气质令后人推崇并被广泛效仿。于是，在重阳节这一天，文人雅士便多有赏菊之时，摆宴喝菊花酒的风气，北宋时期尤为盛行，在今天，亦是西安人的一种习惯。除却赏菊、品菊花酒外，古时人们还有将菊花戴在头上，或将菊花枝叶贴在门窗上的习俗，以避除凶气，招来吉祥。

老西安的美食

羊肉泡馍真的是赵匡胤发明的吗

羊肉泡馍是陕西的名小吃，尤其是西安地区的牛羊肉泡馍最为有名，它烹制精细，口味香醇，又具有不错的营养价值，因此成为西北乃至全世界闻名的小吃。那么，这么有名的西安小吃是北宋的开国皇帝赵匡胤发明的吗？

羊肉泡馍

相传，宋太祖赵匡胤年少未得志时，因生活穷苦，流浪在长安的街头。一次，他又冷又饿，但身上仅仅剩下两块已经风干的馍馍，因为太硬而无法啃吃。此时恰好经过一家经营羊肉的小店，他祈求老板能够给他一碗羊汤，希望把干馍泡软再吃，老板见他可怜，就给他盛了一碗刚刚出锅的羊汤，赵匡胤将干的馍馍掰碎后放入羊汤中，便吃了起来。吃完后，他感觉浑身发热，饥寒全消。

公元960年，赵匡胤成为北宋的开国皇帝。在皇宫里山珍海味应有尽有，但他总感觉吃着不香。一次，到长安巡视时，他想起了当年在此吃羊肉泡馍的场景。于是，他找到了那家店，并让店主再给他做一次羊肉泡馍。店主一下慌了手脚，一来店内不卖馍，二来皇帝来此吃饭不可有任何闪失。于是，他让妻子马上烙上几张饼，待饼烙好之后，店主发现饼是死面，又不太熟，怕皇帝吃了生病，便把馍掰得碎碎的，烧上汤又煮了煮，最后放上大片的羊肉。赵匡胤吃后大加赞赏，走时还赏给了店主上百两黄金。这件事，在整个长安城不胫而走，于是很多店都开始经营这种羊肉泡馍。

清末，八国联军侵华后，慈禧太后和光绪帝逃到西安时，也慕名而来，品尝了羊肉泡馍的鲜美。

葫芦头泡馍是用葫芦做的吗

葫芦头，来源于宋代街市食品中的"煎白肠"。因猪大肠油脂较厚，形状像葫芦，因此叫葫芦头，而不是用葫芦制造而成的。葫芦头的做法和吃法与羊肉泡馍极为相似，是如今西安著名的小吃之一。那么您知道葫芦头与药王孙思邈之间的关系吗？

相传，一日孙思邈来到长安城内的一家专门卖猪肠、猪肚的小店吃"杂糕"，他在吃时发现猪肠的腥味极大，就告诉店主如何才能将猪肠做得更加可口好吃。孙思邈从药葫芦里取出了大香、上元桂、汉阴椒等几味药物送给了店主，并告诉店主以后再烹制猪肠可将这几种药作为佐料。店主听了孙思邈的建议后，每次在烹制猪肠时都会放入这些佐料，果然，香气四溢，美味大增，从此这家店的生意便兴隆起来，店主不忘孙思邈的指点，就把药葫芦悬挂于店门口上，并改名为"葫芦头泡馍"。

葫芦头泡馍

从此，这葫芦头作为一种风味小吃，一直流传至今。

西安金线油塔是一座塔吗

金线油塔并不是一座塔，而是古城西安一种传统的小吃。因层多丝细、松绵不腻，其形状"提起似金线，放下像松塔"，所以叫金线油塔。金线油塔距今已有1400多年的历史，在唐代时叫"油塌"。

据《清异录》记载，在唐朝唐穆宗年间，宰相段文昌家中有一位被称为"膳祖"的老仆人，她最擅长制造"油塌"。在40多年里，她将这个厨艺传授给其他100多位女仆，但据说只有一位真正掌握了"油塌"的制造要领，可见其制作技艺不易掌握。后来，这种食品传入了民间市肆。

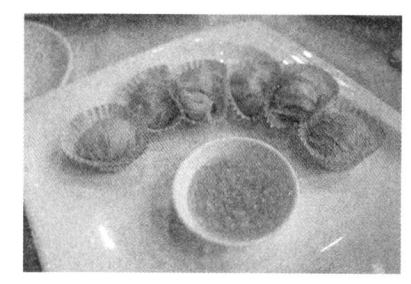

金线油塔

关于金线油塔还有一个有趣的故事，在唐武则天时期，有个叫张衡的人，他在朝为官因表现不错，皇帝武则天准备将他的官职由四品升为三品，可是有一次，他在前去上朝的路上，经过市井时闻到了一股油香的味道，他下马一看，原来是刚出笼的"油塌"。他便买了一个，坐在马背上吃了起来。这事被御史发现了，禀告了武则天，最后武则天因他在上朝的路上骑在马背上吃"油塌"，毁坏了"官象"，而将其罢官。虽然这只是个传说，但足以看出"油塌"的吸引力之大，已经到了"闻香下马"的程度。

您会写Biangbiang面中的Biangbiang两个字吗

Biangbiang面是一种地道的秦地传统面食，是用关中麦子磨成的面粉，手工擀成长宽厚的面条，用酱油、味精、花椒、醋等佐料调入面汤，捞入面条，再淋上猪油，加入腊汁肉、辣椒等即成。Biangbiang面的特点是酸辣鲜香，利湿暖胃。来西安旅游的人大多是冲着Biangbiang面这奇特的名字去的。那么您会写Biangbiang两字吗？Biangbiang面这个名字又是因何而起的呢？

Biang字写法

Biang字共有56笔画，是汉字中笔画结构最复杂的字，关于它的写法在老西安人民间还有一段生动的民谣："一点上撩天，黄河两道弯，八字大张口，二字往里走，左一扭，右一扭，中间夹个言妻妻，你也长，我也长，里面坐个马大王，心字底，月字旁，留个钩搭挂麻糖，推个车子游咸阳。"

关于Biangbiang面还有一个有趣的传说，唐朝时有一位怀才不遇、愤世嫉俗的穷秀才，一天来到了咸阳，他路过一家面馆时，听到面馆里"biang——biang——"声不绝，顷刻间饥肠辘辘的他，不自觉地走进了面馆，进入面馆后他看到厨房里的厨师，熟练地做着一碗碗面。秀才被厨师杂耍般的做面方式深深吸引了，看到兴奋之处不由大叫："店家来碗面"。等秀才吃完后，才想起原来自己身无分文。秀才急中生智问店家："你做的这碗面可有名字？"店家说："当然有，叫Biangbiang面。"秀才又问："你知道biang这个字怎么写吗？"店家摇摇头。秀才说："我今天没有带钱，但可以告诉你biang字怎么写，换这碗面可以吗？"店家心想："自古都没有biang这个字，看他一个穷秀才怎么写出这个字。"于是店家答应了秀才的要求。

秀才虽然读过几年书，但从来都没有见个biang字，秀才顿时想起这几年自己寒窗苦读，却功名无成的情境时，不免惆怅了起来，于是他要来笔墨写了一个biang字，边写边说到："一点飞上天，黄河两边弯；八字大张口，言字往里走，左一扭，右一扭；西一长，东一长，中间加个马大王；心字底，月字旁，留个钩搭挂麻糖；推了车车走咸阳。"一个字写尽了山川河水，也写出了秀才怀才不遇、报国无门的思想，从此这Biang字便有了一个写法，Biangbiang面也名震关中。

石子馍是用石子做的吗

石子馍是陕西地区有名的风味小吃，它是将饼坯放在烧热的石子上烙制成的，因此叫石子馍，又称沙子馍，饽饽。石子馍的雏形最早出现在石器时代，当时被叫作"石烹"，在唐代石子馍又叫"石鏊饼"，并成为每年要给皇帝进贡的贡品。到了清代石子馍传入金陵（南京），被称为"天然饼"。石子馍主要的原料是面粉、油、盐或者糖等，将面粉和水，再加入油、盐或者糖，并鲜花椒叶，制成馍坯，烙制而成。石子馍油酥咸香，富有丰富的营养价值，利于消化，且携带方便。

石子馍

西安凉皮为何会成为皇家贡品

西安凉皮是陕西著名小吃，口味独特，老少皆宜，近年更是早已走出陕西，香飘全国，受到各地人士的广泛欢迎。西安凉皮种类繁多，依原料不同，又分为米皮和面皮两大类。

现在西安以秦镇大米凉皮最受欢迎，其历史悠久，可上溯至秦代，是秦镇一带百姓给朝廷的贡品。秦镇位于西安市辖区户县内，毗邻西安，自古盛产优质粳米。

传说秦始皇时，一年大旱绝收，无米上贡。当时刑罚严苛，乡民皆恐，求教于一乡绅。隔日，乡绅计出，制凉皮上贡！将陈年大米浸泡过夜，石磨成浆，沉淀，撇去上清，上笼蒸制，再加各种调料，即成秦镇凉皮。秦始皇尝过，绵软爽滑，酸辣可口，大悦之下，遂免当年赋税，并指定秦镇凉皮此后为皇家贡品。秦镇大米凉皮制作工艺十分讲究，从选米、碾粉到和浆、锅蒸都独具特色，因而制出的皮子具有筋、薄、细、滑等特点，再加上秦镇凉皮辣椒油制作极其考究，调料选用上等辣椒、优质菜籽油以及多种调味料，将辣椒、花椒、茴香等香料碾细加入油中，上火加热反复熬制而成，其色泽红亮，辣香诱人，因而调出来的凉皮红艳如火，清香扑鼻，酸辣爽口，再佐以豆芽、芹菜黄绿相间，堪称绝配！为关中百年来久负盛名之美食，吃上一口便终身难忘！

荞面饸饹的发明与教场门有何关系

荞面饸饹，陕西名小吃之一，饸饹古称"河漏"，已有600多年历史。主要原料为新鲜荞麦，其特点是色黑条细，筋韧爽滑，挑起来不断条，清香利口。将精制荞麦粉用温水和成面团，取适量的面团放入饸饹床内压入开水锅中，煮熟后捞入温水盆中，食用时加入肉汤、素汤、杂酱等汤料拌食即可。冬可热吃，夏可凉吃，有健胃消暑的功效。制作历史悠久，素负盛名。

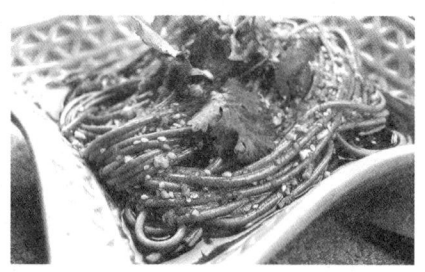

荞面饸饹

西安城墙内的西北方向有一个地方名叫教场门，顾名思义，大概是当年八旗兵、绿营兵操演武功的地方。"门"没有看到过，但在相当长一段时间里，"教场门"三个字出现在西安人的口中，常常是后面还挂着另两个字"饸饹"。

饸饹，多用荞麦面制成，比较固定的叫法是荞面饸饹。据有人考证说，此食物在元代已经有了，根据王桢著的《农书·荞麦》节中有"北方山后，诸郡多种，磨而为面或作汤饼，渭之河漏"。"河漏""饸饹"，两者在读音上无论按普通话还是陕西腔都很相近，也许后者是前者的转音吧。

教场门饸饹出现于清末，是由渭南吕家村一位姓孟的老人创出的牌子，其后人孟兆武少承家传，练就了一手做饸饹的绝技。1932年，他先在当时西安市最热闹的南院门第一市场售卖，后来又迁到教场门，此后几十年，在西安饮食市场中自成一家，名气大噪。孟氏做饸饹选料很考究，主要用关中千阳、陇县、白水、长武、蒲城诸县的新鲜荞麦现磨现做。

饧眬也是饸饹的一种，不仅西北有，辽宁、河北及山东也有。辽西人叫它擦眬；山东人叫它和乐，正规都应称为饸饹。

水晶饼一名的由来真的与寇准有关吗

水晶饼是陕西地区一种传统的小吃，特色是金面银帮，起皮掉酥，凉舌渗齿，甜润适口。水晶饼因馅晶莹透亮，犹如水晶而得其名。水晶饼以西安德懋恭生产的最为有名，并且在清朝时，被慈禧定为"贡品"。如此味美甘甜的小吃与北宋时为官清廉的寇准有何关系呢？

水晶饼

寇准生于公元961年，宋太宗太平兴国五年（公元980年）进士，后因为人刚正，被皇帝所重用。据说一次

他从京师汴梁回到老家陕西渭南时，正好赶上自己五十大寿，乡党们送来了寿桃、寿面等贺品以表庆贺，寇准摆寿宴相待。酒过三巡后，忽然手下人捧来个精致的桐木盒子，寇准打开一看，里面装着50个晶莹透亮如同水晶石一般的点心。

在点心上面，还放着一张红纸，整整齐齐地写着一首诗："公有水晶目，又有水晶心，能辨忠与奸，清白不染尘。"落款是渭北老叟。后来，寇准的家厨也仿做出了这种点心，寇准据其特点给它取了一个好听的名字，叫做"水晶饼"。

水晶饼不仅好吃，其中还含有水分、能量、蛋白质、脂肪、碳水化合物、膳食纤维、胆固醇、灰粉、钙、磷、钾、钠、镁、铁、锌、硒（微克）、铜、锰等多种营养成分。喜欢甜食的朋友，来到西安旅游不妨到德懋恭买上几盒品尝一下。

贵妃鸡翅与杨贵妃有何关系

贵妃鸡翅属陕西的传统名菜，通常做法是用鸡翅加各种佐料翻炒而成。贵妃鸡翅口感细嫩柔滑，香味独到纯正，吃后回味悠长。

据说，杨贵妃一生穷极奢华，对吃的讲究亦是达到登峰造极之地步。她一生独爱吃两种食物，一种为荔枝，另一种便是这贵妃鸡翅了。

长安虽不是产荔枝之地，但面对杨贵妃的如此爱好，在古代交通不发达的情况下，恋她入迷的玄宗不惜花费巨大人力、物力，从遥远的蜀地令人快马加鞭地运来一筐筐新鲜的荔枝供其食用。一年年，一月月，每当南方荔枝摇曳枝头的季节，不知又有多少人要千里来回奔波着运送荔枝了，也不知会累伤、累病多少人，跑死多少匹马，但是这在当时玄宗和贵妃的"伟大的爱情"面前，都显得微不足道，"一骑红尘妃子笑，无人知是荔枝来"，诗人杜牧将贵妃的笑铺陈于诗词之间，而诗词背后要表达的恐怕才是其真意：为讨得美人一笑，玄宗不惜劳民伤财，激起民怨，唐朝由鼎盛走向没落，亦由此处显出端倪。

在民间贵妃鸡翅来历的两个传说，也都与杨贵妃有关。

与遥远的荔枝之乡相比，这鸡翅的选择便容易了许多，但由于是做给贵妃食用，所以使用的鸡想必也经过了千挑万选。传说一，是杨贵妃在入宫后，也一度小小失宠过。失宠的贵妃有时独自在百花亭中饮酒，醉后轻卧百花丛中，美丽哀怨之态尽显。贵妃一生受万人注目，一言一行皆引人注意、效仿，她醉卧百花丛中之情景便被后世人们写成了京剧曲目《贵妃醉酒》，已成各京剧名家必演，人们爱看的经典之作。后有厨师在看戏后受到启发，便用上等鸡翅经翻炒后创制了一道菜，此菜做好后的景象恰有贵妃醉酒后的妩媚之色，故得名"贵妃鸡翅"。

传说二，是杨贵妃极爱吃鸡翅，宫中御厨为讨其喜欢，经反复研究琢磨，用鲜嫩鸡翅膀加多种调味料，将鸡翅先炸后蒸烹制而成。做成后的鸡翅由于味道异常鲜美而深得杨贵妃的喜爱，从此便成为她经常所食之菜，后来，这道菜便被命名为"贵妃鸡翅"了。

太后饼是因哪位太后而得名的

太后饼是陕西名小吃之一，距今已有多年的历史，太后饼主要由板油和面粉加佐料和制，再经烘烙而成。先取面粉加水和成面团后，将面团揪成面剂，用手将面剂按平后擀成长形面片，再在上面抹上一层油茸，将其卷成圆柱形后搓成长条，经过反复叠加后再揪成小剂，制成饼胚。最后在饼胚上刷一层蜂蜜水或鸡蛋液，放入烤炉中烘

太后饼

烤。烘烤后的太后饼外皮金黄、油润酥脆、内层绵软、咸香适口，富含动物脂肪酸等营养素。那么这太后饼是因何而得名的呢？

很多人会认为这太后饼肯定是因当年慈禧太后喜食而流传下来的。其实不然，不过的确是因为一位太后喜食而被命名为太后饼的，但这个太后不是慈禧太后而是西汉汉文帝之母薄太后。薄太后一生过得颇为安静，秦末薄姬原属魏国国君魏豹的妻子，楚汉之争后，刘邦统一了全国，便将薄姬纳入后宫，后来生下了汉文帝刘恒。刘邦去世后，吕后对刘邦的其他妃妾后进行了打击，但唯独对薄姬没有实施任何打击，不仅如此，还将薄姬送往当时刘恒所在的封地，并封她为"代王太后"。薄姬之所以能够躲避吕后的政治性打击，这与平时她为人小心谨慎是分不开的。待刘恒称帝后，薄姬成为真正意义上的薄太后。而这太后饼也就是薄姬成为太后之后而被命名的。

老西安人立春时要吃哪样食品

老西安人在立春之时都要吃荠菜春卷，这个习俗自古以来就有。那么何为荠菜春卷呢？

因为荠菜是立春后生长的一种野菜，历来都被人们所喜爱，关于荠菜在民间还有一个有趣的故事：唐朝时王相府的三姑娘王宝钏在抛彩球征婚时，彩球被当时一个叫薛平贵的年轻人接到了。但因为薛平贵出身于贫困家庭，王府上下的人都不同意这门婚事。王宝钏为了争取婚姻的自由，执意不遵从父母的命令，被父亲逐出家门，与薛平贵一起住在了郊外的五典坡，后来薛平贵从军征西，王

荠菜春卷

宝钏每日靠吃荠菜渡过了18个春秋,最后与薛平贵团聚。这个故事一直被人们流传,后来还改编为戏剧《五典坡》。

在唐朝时就有"立春吃春饼生菜"的习俗,当时被称为"春盘",荠菜春卷就是由"春盘"演变而来的。每年到了立春时,人们将春饼和青菜装在盘中,成为"翠楼红丝,备极精巧"的春盘。杜甫在《立春》的诗中就写道:"春日春盘细生菜"。到了宋朝"春盘"又改称为"春饼",之后又被叫作"春卷"。后来,人们为了纪念王宝钏食用荠菜度日的苦难,便在春卷中加入荠菜,因此就有了荠菜春卷。

被老西安人誉为"六月鲜"的是哪种美食

被老西安人誉为"六月鲜"的美食就是闻名于陕西省的水盆羊肉,相传水盆羊肉是在明朝崇祯皇帝年间发明的,还被清慈禧太后称为"美而美",因为是一种夏季应时小吃,多在农历六月上市,因此被誉为"六月鲜"。那么您了解这水盆羊肉的发展历史吗?

水盆羊肉

最早的水盆羊肉出现在商周时期,当时称为"羊臐",到了秦汉时改称为"羊肉臐",唐宋时又叫"山煮羊"。关于水盆羊肉,在《宋书》里还记载着一件有趣的故事:在南北朝时期,整个社会动荡不断,战事频发,有一个叫毛修之的人做了俘虏,他擅长烹饪,做俘虏后向宋武帝进献了水盆羊肉,由于他所烹制的水盆羊肉味道极为鲜美,便被提任为县令,后来又做了南郡公。

水盆羊肉经历隋唐、五代、宋、元、明、清几朝的发展,成为了如今人们所品尝到的水盆羊肉。羊肉原本属于秋冬季节的温补品,但精于烹制羊肉的陕西人，为了适应人们夏令的需求，便创制了水盆羊肉。相传明末时，李自成率领起义军准备离开西安攻打北京城时，关中的百姓就用水盆羊肉慰劳义军，义军受到鼓舞后，一鼓作气攻入北京城，推翻了明王朝的腐朽统治。

现在人们食用水盆羊肉时，多配白吉馍或芝麻烧饼同吃，佐以鲜大蒜、辣酱或糖蒜，则清香鲜醇可口，风味独特。

三皮丝为何会有这样一个奇怪的名字

三皮丝是古城西安的一道有名的凉菜小吃，历来凉菜都是素菜，或荤素混搭，但唯独闻名于西安的三皮丝却全是荤菜，并且吃起来美味可口又清鲜香醇，风味独特。那么您知道三皮丝一名的由来吗？

三皮丝是由《烧尾宴》食单中的"羊皮花丝"演变而来的一道长安古菜。但在《烧尾宴》中并没有具体记载其制造方法。关于三皮丝一名的来源还有一个有趣的故事，据说在唐朝中期，京城长安有三个非常有名的奸臣，分别是监察御史李嵩、李全交和殿中御史王旭。这三人朋比为奸，上欺皇帝下欺百官，对百姓更是无恶不作，可以说在整个长安城里坏事做尽，长安城里的百姓没有一人不痛恨他们，于是给他们分别起了一个外号，叫李嵩"赤黳豹"，叫李全交"白额豹"，叫王旭"黑豹"。对于这"三豹"的倒行逆施，老百姓们发明了一种叫"剥豹皮"的菜肴。后来有一位姓吕的厨师，将"剥豹皮"加工为海蜇皮、猪肉皮和乌鸡皮拼成的佐酒盘菜。这道菜刚一上市，便得到整个京城百姓的光顾。后来这道菜被"三豹"知道，不久之后这位吕厨师便惨死在家中，当人们知道后，为了表示对"三豹"的不满，家家户户都按照吕厨师生前制造的"剥豹皮"烹制方法，推出了类似的菜肴，并取名为"三皮丝"。

就这样"三皮丝"这道菜被人们一代代传承下来,在传承时其制作也越来越精美,如今人们在品尝"三皮丝"时既饱了口福,又感受到正义战胜邪恶的愉悦,实在是一举两得呢。

搅团是诸葛亮发明的吗

搅团是西北地区一种特色小吃,其定义为"用面搅成的浆糊"。搅团在西安是一种家常饭。在民间有"搅团要好,72搅"的说法。

搅团原材料主要是面粉和水。虽然用料十分简单,但做起来却很费劲,说是费劲指的并不是制造有多困难,而是相当消耗时间。在制造搅团时,要一手端面粉,一手拿擀面杖,将面粉均匀放入开水锅中,再不断搅拌,搅至没有干面粉为止,然后再加入一定量的开水,用擀面杖划成一团团的,等开水烧开后,再用力地搅拌,待第二次注入开水后,最后再搅拌一次,这样就烹制成了一锅搅团。在吃搅团时,最主要的还要有一碗好的醋水,这里所说的醋水并不是真的醋和水,而是由香油、辣椒、蒜泥、姜末、芝麻等佐料调配而成的醋水。

关于搅团,相传是由三国时期蜀汉的丞相诸葛亮发明的。诸葛亮在一次北伐途中,将军队驻扎在西岐(今陕西岐山县),因为久攻中原不下,又不想撤兵,因此在西岐屯扎了下来,又因为吃惯了地方上的面食,军中士兵都有些厌倦,为了调解士兵们想家的情绪,于是诸葛亮发明了搅团,但当时并不叫搅团而叫水围城。

搅团

您了解西安的"饺子宴"吗

饺子是我国一种传统食品,而使这种寻常小吃登上宴会的"大雅之堂"的,是西安饺子宴近年的独特创新。西安饺子宴与牛羊肉泡馍、仿唐菜点,被人们誉为"西安饮食三绝"。那么您了解西安饺子宴的由来吗?

饺子起初是我国北方地区一种面皮包馅的食品,它有着相当久远的历史。早在2000多年前的西汉时期,当时的都城长安(西安)就很流行吃饺子,但那时

饺子宴

被称为角子。在魏晋南北朝时期改称为"偃月形馄饨",并在三国时期的《广雅》一书就有过相关的记载。到了唐朝更为盛行,当时称为"扁食",宋朝时称为"角子",直到明清时才称为"饺子",并一直沿用到今天。在明朝刘若愚编的《明宫史·火集》中,还记载过过年吃饺子的情况:"五更起,饮椒柏酒,吃水点心,即扁食也。或暗包银钱一二于内,得之者卜一岁之吉"。清朝时期的《燕京岁时记》里也出现过相关的记载。

说起这西安饺子宴的形成,还有一段艰难的经历。西安饺子宴饭馆在西安市解放路北段,起初叫解放路饺子馆,距今已有50多年的历史了。他们所制作出来的饺子,个个玲珑剔透,形似元宝,鲜美可口,让在此吃过的顾客都难以忘怀。为了满足广大顾客的要求,西安饺子宴饭馆从1984年开始,专门着手于研制饺子宴,他们先后让厨师到全国北京、天津、上海、杭州、青岛等各大城市,认真学习各地饺子的样式、

特点以及制做工艺。其中在学习丁香饺子时,光去虢镇就去了三次。饺子宴还传承了唐代时期杨贵妃喜欢吃的宫廷饺子,以及当年慈禧太后逃难到西安时所吃的"太后火锅"饺子的做法。

经过上百次地试制,终于研制出色、香、味俱全,令人耳目一新的口味特异的饺子宴。

粉汤羊血为何成为西安名小吃

粉汤羊血是西安的名小吃,它以鲜嫩、麻、辣,咸味十足而有名。粉汤羊血由制血、配调料和泡馍三个步骤精制而成。因配料中有很多健胃的中药,因此很受人们的喜爱,尤其受到老年人的青睐。那么,粉汤羊血为何会成为西安名小吃呢?

粉汤羊血最初就是民间的一种食品,后来经过厨师和商人的加工运作才引入市肆,但依旧深受民间百姓的喜爱,并保留着浓厚的民间食品风格。因西安人自周、秦、汉至今就喜欢养羊、食羊。并一直认为羊身上都是宝,几乎羊身上每个部位都可以用来制造佳肴:羊肉可用来制成羊肉泡馍,羊油可为烹制炒面的配料,羊血则可以用来制造粉汤羊血,因此粉汤羊血就成为了西安独有的一种风味小吃了。

粉汤羊血

据说,粉汤羊血最早源于西安市南院门一个摆羊血摊的王金堂,王金堂在20世纪对粗放式羊血吃法进行了改进,并制造了粉汤羊血。

岐山臊子面是用什么做臊子的

臊子面是陕西关中地区有名的面食，尤其是岐山臊子面最为有名。因为岐山地区日照充足，小麦的质量高，小麦磨的面粉劲道。因此，制造臊子面的面条也相当筋道。臊子面除了面以外，还有臊子，所谓的臊子，就是面的配菜，主要是肉丁、胡萝卜、豆腐、豆角等。传说最早的臊子面的臊子是用龙肉制成的，这到底是怎样一回事？

岐山臊子面

相传，在3000多年前，周文王一次外出打猎时，走到渭河河畔，发现河里有一条巨大的蛟龙从水中腾空而起。手下的人告诉周文王，这条蛟龙在此地经常兴风作浪，残害百姓，当地的人们早已对它恨之入骨，于是周文王用巨弩射杀了这条蛟龙，蛟龙死后周文王上前一看，这条蛟龙足有五丈之长，重也有上百斤。据说人们吃了蛟龙的肉可以延年益寿，驱除百病，所以周文王下令将蛟龙抬回去，并将蛟龙肉剁成小块，做成臊子，放在锅里调成蛟龙肉汤，供部族的人以此为臊子吃面。后来，这种吃面的办法世代相传，一直沿用至今。

枸杞炖银耳真的是张良发明的吗

枸杞炖银耳是西安传统的高级滋补名羹，其羹汁浓稠，滑润适口，茉莉香浓，滋补健身。在炖银耳中加入枸杞，寓意着为人清白，又无畏牺牲，因此此菜一直流传于今。那么枸杞炖银耳与汉初三杰之一的张良有何关系?

相传枸杞炖银耳是西汉开国功臣张良发明的。他辅助刘邦完成霸业一统天下，但他也亲眼目睹了当年一起跟随刘邦打天下韩信、萧何、彭越、英布等功臣，因战功无上最后遭到刘邦以及吕后的迫害。为了保全性命与名节，张良选择急流勇退，辞官隐居在深山之中。他在隐居时常用从山里采来的银耳炖汤而食，以告示天下，自己洁身自好，不求官爵。这道菜流传至唐代又有了进一步的发展，唐初两位名相房玄龄和杜如晦辅助唐太宗李世民完成霸业，这两位大臣，为人直爽，为官清廉，人们为了表彰两位名臣的高风亮节，在雪白的银耳中加入枸杞，象征他们"清白"与"赤诚"。

枸杞炖银耳就这样流传下来，后来人们又在枸杞炖银耳中加入冰糖、白糖、蛋清等食品，使其口味更加香甜。

烩麻食是一种怎样的食物

烩麻食是西安特有的一种小吃，麻食是由面制成的，先用大拇指将面搓成核形、中间空心的面卷，再和炒菜一起烩制而成。制造烩麻食非常简单，因麻食和炒菜的配料没有严格的规定和讲究，故人们在做烩麻食时可以根据自己的口味来制作，麻面可精可细，炒菜则可荤可素。既然烩麻食烹制起来这么简单，那么烩麻食中比较有名的羊肉烩麻食又是如何烹制而成的呢？

在烹制羊肉烩麻食时，首先要将配菜切成小丁，配菜没有特别的要求，普通的菜就可以，如土豆、西红

烩麻食

柿、胡萝卜、黑木耳等；接下来再将水和面粉制成较硬的面团，醒半个小时左右，再将面团拉成长条状，放在面板上用食指搓按成枣核的样子；然后起油锅，用花椒等炝锅后捞出，再放入葱花爆炒，依次放入事先切好的配菜、羊肉汁以及盐、糖、生抽、醋等调味品，这样就制成了羊肉烩麻食的麻食汁。之后，再另起一锅，放入清水等烧开后，加入麻食蒸煮，待麻食蒸熟之后，再将麻食汁浇入麻食中。这样，一道美味的羊肉烩麻食就可以享用了。

锅盔馍是如何发明的

锅盔馍是西安特色小吃，它制作简单，风味独特，深得西安人的喜爱，是西安人平时常吃的一种食物。

有关锅盔馍的来历，还有个很有趣的传说。

相传，在唐朝时，为了修建高宗和武则天的陵墓乾陵，朝廷征用了大量民工。在这些民工中，有个叫冬娃的年轻小伙子，母亲早逝，自幼和父亲相依为命。俗话说，穷人的孩子早当家，所以，冬娃从小便乖巧懂事，总是抢着帮助父亲做些力所能及的活，受到了村里人的称赞和喜爱。但不幸的是，父亲因常年一人独自支撑家庭，还要带年幼的冬娃，所以在冬娃长大成人后，他就一病不起，生活亦不能自理，每日都需要人照料。

冬娃很孝顺，面对卧病在床的父亲，他毅然担起了家庭的重担，每日去田里劳作，上山砍柴卖些钱补贴家用，回家后便给父亲烧菜做饭。由于家穷，家里食料甚少，饭菜自然寡淡无味，他为了让辛苦了半辈子的父亲到老可以吃上些好吃的，便每日在饭食上"打"起了主意。天长日久，虽然家里买不起好的食料，但他亦凭自己的聪慧琢磨出了几样好吃的饭菜给父亲吃。在得到父亲的夸奖后，冬娃做饭的兴趣更浓厚了。

这一年，恰逢朝廷在全国征壮丁劳力，去修建乾陵，冬娃子不幸也被征去。

这天，冬娃子在做工时，实在饿得受不了了，就悄悄地在做工的地方挖了一个土窝窝，然后放上自己做工时所带的头盔，找来些面和好后放在盔内。他就隔着盔点起了火，一会，盔内和好的面便飘出了香味，冬娃见状，知道食物已做好了，就将盔内的食物取出尝了一下，谁知这一尝，竟让他爱不释口，馍状的食物入口酥脆可口。兴奋之余，他便将这个方法告诉了他的伙伴们，结果一传十，十传百，很快，做工的人都知道了这个好吃又简单的做法。因这种食物是用面粉在锅盔中经烘烤而成，于是人们就给它取了一个形象的名字，叫作"锅盔馍"。至此，筑陵的工地上便时常飘香不断，一次被筑陵的总监发现，尝过之后觉得很好吃，便将它带进了皇宫。据说，皇帝尝后也赞不绝口，还一度将锅盔馍钦点为贡品。

老西安的土特产

您见过西安的仿唐三彩吗

唐三彩是在我国封建时代鼎盛时期的唐朝烧制的一种彩陶工艺品，唐三彩原叫三彩釉陶，出现于南北朝时期，而在唐朝达到了一个鼎盛发展期。唐三彩主要分布在长安和洛阳两地，长安的唐三彩又称为西窑，洛阳的唐三彩则称为东窑，在唐代时唐三彩还是一种陪葬品。

唐三彩的制作工艺比较复杂，首先要将开采出来的矿土经过挑选、舂捣、淘洗、沉淀、晾干后，用模具做成胎后放入窑中烧。其中窑烧时，要用二次烧成法。原始的胎体在窑内用1000℃的温度进行烧制，然后将焙烧过的素胎经过冷却，再施以配制好的各种釉料入窑釉烧，其烧成温度为850℃~950℃。在釉色上，利用各种氧化金属为呈色剂，经煅烧后呈现出各种色彩。

仿唐三彩

因为唐三彩主要以黄、褐、绿三色为主，又是制成于唐朝，所以后来人们称之为"唐三彩"。那么什么又是仿唐三彩呢？

仿唐三彩是西安人利用当地得天独厚的地区条件，仿照唐三彩烧制的一种现代精美工艺品。但是仿唐三彩不论是胎、釉、色彩、造型以及内在的精神风格等方面，都无法与正规的唐三彩相比拟。真正的唐三彩出土前或置于潮湿的室内或埋于地下，受空气的影响，胎表毫无新意，陈旧自然。而仿唐三彩虽经过做旧处理，但是旧仅在胎表而不入肌理，故仍会呈现出新制的感觉。

虽然仿唐三彩不能与真正的唐三彩相提并论，但作为一种手工艺品也有极高的艺术价值，来西安旅游的朋友们，不妨买上几个留作纪念。

西安鱼化陶哨是一种哨子吗

陶哨是我国一种古老的民间玩具，由泥土制造而成，口吹即响，因此又被称为泥叫叫。陶哨造型精美小巧、洗炼大方，声调古朴、雄壮，色彩鲜艳多彩。其出产地有很多，以陕西地区出产的陶哨最具特色，而西安市鱼化寨的陶哨更是远近闻名。

西安鱼化陶哨用当地的黑土制造而成，先将黑土兑水稀化，放在模子里成型，再经过烧制、彩绘、罩油等多道工序加工而成。西安鱼化陶哨的造型，多以陕西地方戏剧里的人物为样板。由于陶哨本身体型不大，一般都只有3~4厘米，所以制造出来的人物体型也不是很鲜明，但从脸谱、服饰上却能清晰地看出不同人物的不同性格。

西安鱼化陶哨可以说与秦腔戏剧那种古典声情的风格有着异曲同工之妙，都具有极为浓厚的乡土气息。

您知道什么是碑石拓片吗

所谓的拓片就是用宣纸在器物表面并以墨拓印来记录花纹和文字。

根据相关的文献记载，在清朝年间，贩卖字帖的人都知道陕西西安有一处"碑洞"。当时西安许多贩卖字帖的商铺，都将字帖堆得像墙一样高，因此西安碑石拓片就逐渐形成并发展起来了。人们在传拓时基本用两种方法，一种是擦拓，另一种则是扑拓。

西安的碑林里珍藏着自秦汉以来的各种名贵石碑，这里是经书的宝库，也是古书的海洋。在这些碑石里，有许多是在中国书法艺术史上长时期享有盛誉，且是临帖习字者尽人皆知的名碑，比如：自唐代至明代的书法大家褚遂良、颜真卿、柳公权、欧阳询、怀素、张旭、李阳冰、赵佶、黄庭坚、赵孟頫、董其昌等人代表性的书法原作之碑石，其中《颜氏家庙碑》《玄秘塔碑》《唐皇甫诞碑》更是公认的颜、柳、欧体范本。

蓝田玉真的出产于西安吗

蓝田玉是古代的一种名玉，早在秦代就已经出现了蓝田玉，如历史上有名的和氏璧。现在存放在北京故宫博物院里的汉朝玉佩以及西安茂陵附近出土的西汉武帝的大型"玉铺首"，都属于蓝田玉，因为出土地在今天的陕西省西安市蓝田县，所以被称之为蓝田玉。

蓝田玉一般分为软玉和硬玉，硬玉就是俗称的"翡翠"。翡翠算得上是我国传统玉石中发现比较晚的一种玉石，但又在所有玉石中称上品。那么该如何鉴别蓝田玉的真伪呢？

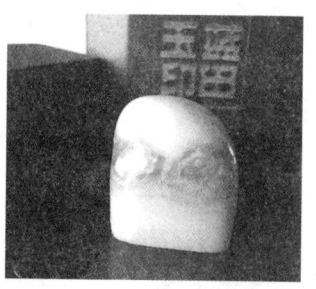

蓝田玉印

假的蓝田玉通常是玻璃质地的，玻璃质地十分脆硬，缺乏真正蓝田玉的致密和韧性，如果放入高速旋转的仪器中，玻璃质地的蓝田玉会很快破碎；还有一种办法就是用放大镜观察玻璃质地的蓝田玉，会发现其表面有很多膨胀的泡状物体,而真正的蓝田玉是不会有的。

蓼花糖是慈禧起的名吗

蓼花糖形状如鼓槌,外表金黄色,表皮里有一层白芝麻,里面裹以蜂窝状糖心,吃起来口感松甜酥脆,满口溢香,为西安传统小吃之一。在清康熙进士温义的《纪念堂遗稿》中,就有对此食物的赞赏:"生性冰雪姿,胸怀若旷谷,色形似莲藕,风味告乃翁"。

相传,在清朝末年,慈禧携光绪帝逃到西安,地方官员为了巴结奉承,便将当地所有好吃、新奇之食物一并献上,一生吃遍山珍海味的慈禧在尝过蓼花糖后,不由眼前一亮,对它赞不绝口,便问起身边的官员这是何物,别看这是当地官员所献之物,

蓼花糖

但一时还真不知道它叫什么,只是因为觉得它好吃,便拿来献于慈禧。慈禧见此食物的形状特别像她以前在草原上见到的蓼花,便饶有兴趣地说道:"不如就叫蓼花糖吧",大臣听后,无不拍手称好。从此,这种形状像槌子一样的食物便有了一个新奇的名称——蓼花糖。

蓼花糖制作工序复杂且精细,主要以糯米为原料,配以白砂糖、黄豆和芝麻仁等,经选料、淘洗、浸泡、磨粉、蒸料、和面、擀片、搓条等繁琐的24道工序精制而成。制成后的蓼花糖个大、柔软、体轻,外表呈金黄色,表面均匀地沾满芝麻和砂糖,里面却是雪白的状似蜂窝的糖心,吃起来口味独特,令人回味无穷。

临潼火晶柿子有着怎样的故事传说

临潼火晶柿子是西安著名的土特产，同时也是最有名的柿子品种之一。临潼火晶柿子不但口感极佳，还是一味中草药，具有清热、润肠、生津、止渴、祛痰、镇咳等作用。那么，临潼火晶柿子的"火晶"到底是什么意思呢？

临潼火晶柿子

关于火晶柿子还有一段相当美好的故事传说。相传，曾经在临潼骊山的山坡上住着一家六口，后来家中只剩下老汉和第四个儿子，父子俩相依为命。儿子每天都上山打柴，到了秋天，会在山上采摘一些软枣，拿到集市上卖，用换来的钱给父亲买些日常用品。

在这位老汉的家门口有棵大树，在树上经常有火鸟在此安窝，一日儿子在干活回家时，听见树上的火鸟一直叫个不停，等他走近了才发现，原来是邻居家的几个小孩调皮，在用石子打树上的火鸟，一只火鸟不幸被打中，落了下来。他见到后十分心疼，就将受伤的火鸟拿回家里医治，经过父子俩的精心照顾，火鸟很快好了起来。

没过几天后，一位名叫火晶的姑娘来到了老汉的家里，送给他们一根不知名的树枝，告诉他们将这个树枝嫁接在山后的软枣树上可以长出新的又红又甜的果子来。儿子半信半疑地将火晶姑娘送来的这根树枝，嫁接在软枣树上，之后真的长出了火晶姑娘所说的那种果子来。后来火晶姑娘和老汉的儿子结婚，在结婚时用这种果子来招待宾客，人们在吃时发现这果子多汁味甜，十分喜欢。于是，老汉就取名为火晶柿子。而这位火晶姑娘就是当年老汉和儿子救的那只火鸟。

这只是一个美丽的神话传说，不过临潼火晶柿子真的算是柿子中的极品，作为西安特产之一已名扬四海，在全国各地都深受人们的喜爱。

琼锅糖是由谁发明的

琼锅糖是三秦地区有名的特产小吃，琼锅糖自明、清两代就已经成为一种宫廷贡品，至今已有数百年的历史了。琼锅糖采用陕西地区优质的井水与优质的小米蒸馏，再与大麦芽搅拌发酵淋汁，放入热锅里熬成糊状"灶糖"，等其冷却后，再在蒸汽加热中反复拧条拉扯，使糖的颜色由黄变白如琼，然后再与炒熟的黑芝麻以及其他辅料分层放置于瓷缸内热焖，然后混在一起压成饼，最后切成条状或片状，即成醇香的琼锅糖了。那么，您知道口味醇香的琼锅糖与明朝名臣孙丕扬有什么关系吗？

琼锅糖

孙丕扬是明嘉靖年间的名臣，曾任应天府尹、南京都察院右佥都御史、大理寺卿、户部右侍郎；后诏拜刑部尚书、吏部尚书、太子太保等职。相传，孙丕扬年少时期家境贫寒，但孙丕扬读书十分用功，为了能够专心读书，孙丕扬一人搬到了荒废许久的姑姑庵内读书。

孙丕扬在此一读就是几年，眼看已经到婚配年龄，但是因为家境贫寒而娶不上媳妇。在姑姑庵附近一个村落里，有一位长得非常丑陋的女子，此女子虽然长得丑，但聪明贤淑，勤劳善良，胸怀大度。一日她经过姑姑庵时，被庵内传来的琅琅读书声所吸引，她认为此人将来必定会成为一代能臣，决定嫁给此人，便回家与父母说了自己的想法，并托媒人前去说亲。孙丕扬答应了这门亲事。后来孙丕扬与丑女结为夫妻，婚后为了能够让孙丕扬安心读书，丑女日夜操劳，毫无怨言。

一日她看到孙丕扬因每日熬夜读书，身体消瘦了很多，便决定把饭菜做得更加香甜可口，于是她将大麦做成麦芽糖，然后再加上小米、芝麻制成芝麻糖，给孙丕扬作早点、夜宵。这芝麻糖又脆又香，孙丕扬十分喜欢。

后来，孙丕扬在朝做了大官，但他没有忘妻子当年给他做的芝麻糖，每隔几日都会让妻子做给他吃，这芝麻糖相传就是现在琼锅糖最早的原型。

黄桂稠酒是李白当年最喜欢喝的一种酒吗

西安黄桂稠酒是中国古代传承的佳酿，是陕西八大名贵特产之一。西安稠酒具有状如牛奶、色白如玉、汁稠醇香、绵甜适口等特点，虽然叫酒，但其酒精含量不到15%，可是喝起来又不乏酒的香醇之味。

西安黄桂稠酒距今已有三千多年的历史了，相传在西周时期，镐京地区就已经出现了这种酒，当时被称为"浊醪"，在《诗经·周颂》中就有相关的记载。到了唐代，长安城内的长乐坊产的稠酒，极受当时达官贵人的喜爱。那么黄桂稠酒这一名号是怎么来的呢？

据说西安黄桂稠酒的命名与杨贵妃有关。一日，唐玄宗携杨贵妃来到长乐坊内饮酒，杨贵妃为长乐坊内醇香的稠酒而倾倒，还把手中的桂花枝赏赐给了店主，店主将这桂花插放在酒坛中，不料几天后，桂花枝居然开花了，桂花的香气与稠酒的香气，使整个长乐坊散发出一种独特的香气。店主闻到后，便把桂花放到稠酒内酿制，使得酒味更加香醇，"桂花稠酒"便由此而得名。

长安城内长乐坊的黄桂稠酒出名之后，不仅受到皇室的喜爱，当时的一些文人雅士也极其喜欢饮这种酒，其中被誉为诗仙的李白对黄桂稠酒更是喜爱。发生在李白身上的"力士脱靴"这一典故就与西安黄桂稠酒有关，这到底是怎样一回事呢？

根据《唐书·文艺传》中记载，李白在长安时，就经常来长乐坊内喝黄桂稠酒，并且每次都喝得酩酊大醉。一次，他在长乐坊内又一次喝醉，正巧唐玄宗召他进殿，李白此时醉意正浓，只好由人搀扶入殿，到了殿上要宽衣驱热，唐玄宗便令人取衣鞋伺候。李白趁着醉酒之意，让高力士为他脱靴，当时不可一世的高力士没想到在百官面前被一文弱书生给使唤了，但又碍于皇威，只得照办。因此力士脱靴与黄桂稠酒便成了世人们茶余饭后的话题，从此长乐坊的黄桂稠酒就更享有盛名了。

西安剪纸为什么被誉为文化"活化石"

陕西西安民间剪纸是一门古老的汉族镂空艺术，陕西从南到北，特别是黄土高原，八百里秦川，到处都能见到红红绿绿的剪纸。那古拙的造型，粗犷的风格，有趣的寓意，多样的形式，精湛的技艺，在陕西、在全国的民间美术中都占有很重要的位置。

陕西西安剪纸，这一民间艺术形式有着悠久的历史，在全国各地不同风格和特色的剪纸艺术中，古老而纯朴的陕西剪纸以它特有的魅力，为人们所喜爱。陕西剪纸主要形式有窗窑顶花、炕围花、门画、挂帘、枕花、桌裙花、鞋花、结婚双喜花、衣物佩饰花、神龛贴花等。形式多样，内容丰富，但窗花最为普遍。每逢春节，不论哪里的农村，都给窗子糊上洁白的纸，贴上红纸剪成的窗花，喜庆新年。陕西的窗花在表现

剪纸

内容上，一种是继承传统，一种是贴近生活，近距离反映现实。有人物活动、花鸟鱼虫、飞禽走兽、民间故事传说等。造型严谨，民间风味十足。

西安剪纸大都出自农家妇女之手，以淳朴、粗犷、简练、明朗为特点。她们创作的剪纸饱含浓郁的泥土气息和强烈的感情色彩，没有丝毫的矫揉造作，具有古朴的民风。他们一方面受民间文化的熏陶，另一方面对生活进行仔细入微的观察和理解，凝聚着普通劳动人民的智慧，心到手到，并通过大胆丰富的想象，用剪纸来表达自己对生活的感受和对美的理解。

陕西剪纸被专家称之为文化"活化石"。因为它较完整地传承了汉民族古老的造型纹样，如鱼身人面，狮身人首，以及与周文化相似的"抓髻娃娃"，与汉画像所相似的"牛耕图"等，传承了中华民族阴阳哲学思想与生殖繁衍崇拜的观念。陕西剪纸形式多样，风格淳厚凝炼，线条粗犷明快，寓意单纯质朴，充满对平安吉祥的祈望之情。剪纸更多的是用于装饰。剪纸可用于点缀墙壁、门窗、房柱、镜子、灯和灯笼等，也可为礼品作点缀之用，甚至剪纸本身也可作为礼物赠送他人。人们以前还常把剪纸作绣花和喷漆艺术的模型。剪纸以其造型优美、细致逼真而深受人们的喜爱。

老西安的名山胜水人文景观

　　来到一座城市旅游,除了要了解它的历史文化和民俗风情之外,它的名山胜水、人文景观则是主要的旅游胜地,穿梭在名山胜水之间可以让人们暂时忘却所有烦恼,而西安的名山胜水又独有一番景色,这里有当年老子讲《道德经》的终南山、"烽火戏诸侯"的骊山、五岳之一的华山以及拥有美丽传说的化女泉等。除了这些壮丽的山河美景,西安的人文景观也是一道亮丽的风景线,各大博物馆中陈列的历史遗物,就像一位百岁老人在向您讲述这西安的古往今来。

西安的名山胜水

老子真的在终南山上讲过《道德经》吗

终南山又名太乙山。它西起宝鸡市眉县，东至蓝田县，是秦岭山脉的一段。终南山不仅景色秀美、山势奇险，其还因诸多被人们广传且带有神话色彩的故事而被披上了一层仙家之地的神秘外衣，这里素来有"仙洞""洞天之冠"等美称。其主峰上长有多种药材，"太乙山，遍地宝，有病不用愁，上山扯把草。"，这首歌谣就形象地说明了终南山上丰富的药材给人们带来的好处。

终南山

终南山历来有很多奇人隐士，它在人们的心中仿佛就是仙家之地的代称。

相传，中国颇具神秘色彩的道教创始人老子曾在此创《道德经》。

老子，中国春秋晚期的伟大思想家、哲学家，道教创始人。老子的《道德经》流传千古，它大道至简，主张无为而治，蕴含丰富的哲理，虽然至今人们仍不能完全理解其意，但它对中国哲学的发展具有重要影响。

相传，老子知识渊博，智慧过人，他早年在周王朝为官，但因为人耿直，不善经营人脉，常遭排挤，先后被贬多次。在年近80岁时，他当起了管理国家图书的小官吏，相当于现在的图书管理员。这样的工作对老子来说平淡无奇，加上他亲眼见周王朝连年内乱不断，各诸侯国纷纷起兵造反，百姓生活艰难，遂渐有了归隐之心。在辞去图书馆管理员一职后，他便骑着青牛，准备前往大周朝相对太平的诸侯国秦国安度晚年。这天，他来到了楚国的函谷关，被一位气宇不凡的人拦住了去路。这人便是楚国熟知天文地理的大夫尹喜。

原来，尹喜被楚康王派来函谷关把守关口，但由于他官小位卑，此地又地势偏僻，加之他善观天相、懂占星之术，闲来无事时便以草结楼，每日站于楼上观天相，继续苦研天文之术。这天，他照例登草楼观天相，忽见一股紫气自东而来，他预知将有神人驾临，便在此等候。不久果然等到了仙风道骨的老子。

尹喜见老子之态便知其不凡，遂跪拜在老子面前，求老子传授其学问，否则长跪不起。老子见尹喜态度虔诚，又气宇轩昂，便随尹喜上草楼，留下《道德经》五千言后飘然离去。

您知道翠华山的"四奇"是哪四奇吗

翠华山属国家四A级自然风景名胜区，位于西安城南秦岭北麓。

翠华山地貌为地震引发的山体崩陷所形成，其景以"四奇"著称。这"四奇"分别是石奇、景奇、洞奇、湖奇。

石奇，是指山体崩塌时向下坠落而成的大石块，堆积在一起所形成的崩积体。山体崩塌后所形成的斜坡坡面的通达性较差，再加上冰风洞北边所形成的崩塌石海区的巨石相互堆叠在一起，高低错落，植被茂密，由于石体本身的耐受性较好，所以遗迹保存完好。令人称奇的是，在翠华山上有一块由山体崩塌所形成的巨大的石头，有人甚至在它的上面建起了房子，且房子牢固无比。在水湫池的旁边，有一块因山崩时沿裂缝断开的巨石，纵横交错的断裂面形状颇为奇特。

翠华山

景奇，是指翠华峰和甘湫峰，它们是山崩后形成的奇特景观。翠华峰海拔高1414米，其周围围绕着一座座同样因山崩而形成的小残峰。残峰面积较小，所形成的峰石尖削而直插云霄。离翠华峰不远有一座四壁如削的残峰傲然矗立，在众多残峰之中，独显其超凡气势，相传这座山峰为"太乙真人"所变。甘湫峰海拔2145米，在这里，一条巨大的山体在南北方向就地崩塌，造成巨大崩积体，形成之景观极为奇特。

湖奇，是指堰塞湖，它为翠华山的一大奇观。翠华山上的天然大坝堵截了太乙河上游的山间流水，致使在坝后1公里，形成了一个面积为0.14平方公里的天然湖，这便是堰塞湖。堰塞湖风景秀丽、湖水碧绿，有"天池"之称，与山崩后所形成的险峰融为一体，仿佛是人间仙境。

洞奇，是指山崩后所形成的洞，有冰洞和风洞之分。山体崩塌时，巨大的砾石相互碰撞、垒叠，在巨石间便形成了冰洞和风洞，它们均位于翠华峰崩积体的上部。冰洞较深，洞内地势较低，分别形成内洞与外洞。由于洞内外常年缺少冷暖空气交换的条件，所以洞内外夏季温差最高可达二十多摄氏度，外洞阴风阵阵，内洞则常年结冰。

女娲曾经真的生活在骊山上吗

骊山又称"郦山",是秦岭北侧的一条支脉,其山势远望如同一匹奔腾的骏马,故名"骊山"。

骊山山姿秀美,山势高低起伏,逶迤多姿,有许多神话传说和历史典故都发生在此地,如女娲补天、烽火戏诸侯等。

相传,水神共工和火神祝融交战,战败的共工生气了,他用头撞倒了不周山,致使天塌地陷,天河之水倒流,一时间人间到处汪洋一片,死伤无数。心怀天下苍生的女娲娘娘不忍看到人间受苦,便炼就五彩神石,将天补上,人间复归宁静。

女娲娘娘,又称娲皇、女阴娘娘,是古代传说华夏民族人文的先始,中华上古的正神。在中国历史神话传说中,是一位对人类帮助非常大的女神。相传,女娲造就了人类,其先用黄土依照

骊山云泉

自己的样子造出了人,后又创造了人类社会,建立了婚姻制度,让人类得以繁衍。在天塌地陷、各种妖魔鬼怪都来危害人间之时,她又熔炼五色石来修补苍天,并除掉恶魔怪兽,使人类得以平安生活,故女娲娘娘在人间的地位极高,是人们心目中的创世女神。

而女娲娘娘炼就补天神石之地,便是骊山,因此女娲娘娘也被称为骊山圣母。到现在,每到农历六月十三日女娲娘娘的诞辰之日,骊山便会举行庙会,庙会规模宏大,每年都会吸引大批男男女女来此上香求告,山中热闹异常,各道观庙宇香火不断,场面颇为壮观。

"烽火戏诸侯"的典故发生在哪儿

烽火本是古代敌寇侵犯时所用的紧急军事报警信号。烽火台由国都直到边镇要塞，遍设于途，接连举号，以便消息快速传递。

西周当时便是为了防备北方犬戎的侵扰，在镐京附近的骊山（在今陕西临潼东南）一带修筑了20多座烽火台，每隔数里便设一座。一旦犬戎进袭，首先发现的哨兵便立刻点燃台上裹有狼粪的燃料，所冒出的黑烟直冲云际，是为烽火。而邻近的烽火台见到之后便也相继点火，以便示警附近的诸侯。这样，众诸侯便知道京城军备告急，天子有难，则起兵赶来救驾。所以烽火台是古代战时传递战报、调兵的设施，所担的责任重大，非为儿戏。

但是西周末年，极好美色的周幽王迎娶褒姒，可是这位貌似天仙的女子却打进宫那刻起，从未开颜一笑。于是奸臣虢石父献上能让美人一笑的计谋，而色令智昏的周幽王竟然大加赞赏。于是便无故点燃狼烟，引得四方诸侯率兵前来救驾。而当众诸侯汗流浃背赶来之时，却见周幽王正携美眷于烽火台上把酒欢歌，褒姒看见众诸侯的狼狈模样，果真开怀而笑。为此周幽王大大奖励了虢石父，而后众诸侯始知遭人愚弄，不免个个灰头土脸，愤然离去。此时的幽王却仍旧怡然自得，甚至在之后还多次点燃烽火召诸侯，以博佳人一笑。可是后来诸侯们来得越来越少，最后都不相信了。

玩火自焚，屡见不鲜。公元前771年，犬戎入侵西周。当周幽王下令再次点燃烽火时，却无一路军马来救，而镐京的守兵也早就怨恨幽王昏庸，不满将领克扣粮饷，于是犬戎刚到，便一触即溃，一哄而散。周幽王这才叫苦不迭，赶紧带着褒姒和太子伯服逃跑。可是路上还是被犬戎兵追到，以致父子双死而国将灭，只留下褒姒一人做了俘虏（另说被杀）。

这便是周幽王"烽火戏诸侯，一笑失天下"的典故，不仅身死国灭为天下笑，最终也没能保住爱妃褒姒，实为荒唐。

药王山是因孙思邈而得名的吗

药王山位于陕西铜川市，由5座形如五指的山峦组成，原名"五台山"。在唐时曾是药王孙思邈的隐居之所，故又称"药王山"。人们为了纪念孙思邈，便在药王山修庙建院，并在所建之庙院中为其雕像立碑，以示纪念，久而久之，药王山便成为医宗圣地。药王山景色迷人，远观山景，翠绿如屏中，殿宇绕山倚石，隐约可见秀丽之景中透着壮美。

孙思邈，陕西铜川市耀县人，唐代医药学家，被后人称为"药王"，又被人奉为"医神"。

孙思邈不仅医术过人、医德高尚，其还是个道教徒，在道教中拥有很高的地位，至今各道观中还建有"药王殿"。孙思邈小时候虽体弱多病，但却聪明过人，年仅7岁便能背得文章无数。20岁时，对《老子》《庄子》及诸多佛教经典等已是无所不通了，尤其是对道教的诸多典籍达到了遇人则能侃侃而谈的地步，被人称为"圣童"。他一生淡泊名利，多次拒绝入朝为官，一心研习济世救人之

药王山孙思邈雕塑

道，著医药书籍无数，其所著医学百科全书《千金药方》对后世的影响深远。该书所收资料主要分为两类，一类是典籍类资料，另一类是各种民间偏方。书中广泛吸收各方面之长，理论与临床经验皆全，内容上，雅俗共赏，缓急相宜，是价值千金的中医瑰宝，一本被后人称为"方剂"的始书。

孙思邈医术高超，一生救人无数，民间关于他运用高超医术救人的故事多得数不胜数，下面我们来说一个关于他为皇室看病的小故事。

相传，唐太宗时，太宗的皇后长孙氏怀孕虽十月有余，非但不能生产，还患上了重疾，经宫中太医看过无效后，在大臣徐茂功的引荐下，唐太宗请来了孙思邈。由于古代封建社会受"男女授受不亲"礼教的束缚，加之所医之人又是皇后，就更加不能近前。于是孙思邈在问清了皇后的病症后，取出一根随身所带的丝线，叫宫女把丝线的一端系在皇后的右手腕上，另一端自己捏在手中，亦将皇后之病诊断清楚。从此，"隔空诊脉"一说便流传开来，足可见孙思邈医术之高明。神话电视连续剧《西游记》中孙悟空为朱紫国国王"引线把脉"的故事不知是否缘于这个小故事的启发呢？

孙思邈历来重视养生，他本人亦是高寿之人，活了141岁，方无恙而终。孙思邈所提出的养生之法，现在说来对人们也大有裨益，如发常梳、目常运、齿常叩、漱玉津、耳常鼓等。

华山这个名字到底是因何而来的

华山位于陕西省渭南市华阴市境内，为五岳中的西岳，又有西岳华山之称，为国家5A级旅游景区。其南依秦岭，北瞰黄渭，是大西北进出中原的门户。华山除了是著名的旅游胜地之外，还是中国道教的三十六洞天中的第四洞天，像陈抟、郝大通、贺元希等著名的道教高人皆出于此。

俯看华山，其山峰酷似一朵莲的形状，又得《水经注》"远而望之若花状"，而古时"华""花"同用，便得名华山。更详细的说法是，

华山

因华山由玉女峰、朝阳峰、莲花峰、落雁峰和云台峰五座山峰组成，从上面俯看，中间一座山峰状如金元宝，而周围的四座山峰恰似莲花花瓣，五峰状如莲荷，又因莲花峰的云宫前有倒放着的莲花花瓣石，所以取名"花山"，加之其位置靠近我们的母亲河黄河，终得名华山。

华山山势挺拔，登山之路全部依崖壁而建，陡峭狭窄无比，步步走得惊心动魄，好似在上演一场惊险的山中大片。除了登山之路奇险之外，华山亦风景众多，著名的有华岳仙掌（为华山八景之首）、华山三险、碑谜、云雾湖光、毛女洞等。

关于毛女洞的传说，其实是古代人们对当时陪葬制度的控诉。有关毛女在华山出没的传言，自汉代就有。汉人刘项曾作诗赞叹毛女道："婉娈玉姜，与时遁逸。真人授方，餐松为食。因果获成，延命深吉。得意崖岫，寄欢琴瑟。"在唐时，有关毛女的传说更加神奇。唐人陶太白和尹子虚为唐初隐士，二人经常在华山一带游玩。一日，二人又结伴来山中游玩，玩累了，便坐在一棵大松树下饮酒休息。这时二人听到有笑声，便问："是不是神仙，可否出来一见？"只见一妇人模样的人从树林中走出，她一身绿毛，目光如炬，说道："非也，我本是秦时的一个不幸的殉葬者，只因秦王无道，残害百姓，民不聊生，民女苟活，但不知

今时今日是什么时候?"这个故事传至清时,清人颜光敏对毛女的遭遇深表同情,便写下了"人传毛女峰,时闻毛女琴。欲写秦宫怨,空山多从音"一诗,来表达对封建制度视人(尤其是女人)如草芥的不满和愤慨。

华山不仅风景秀丽、奇特,还有着丰富的文化内涵。在古代,上至帝王将相,下至文人墨客,无一不被其美丽风光所倾倒,留下诗词歌赋无数。华山之所以被我们所熟知,除了它是著名旅游景区之外,还与它在武侠小说中的频频露脸分不开。它曾无数次被金庸先生写进自己的小说里。相信无数金庸迷都很熟悉《射雕英雄传》里的"华山论剑",也相信有很多人是看了这个小说才知道华山的。《射雕英雄传》里面道教王重阳的重阳宫及他的徒子徒孙们也曾在这里摆起"天罡北斗七星阵",从而震慑了敌人。这也从另一个侧面展现了华山所蕴含的文化的多样性。其实,以现实中华山的险峻而言,莫说是个性各异的东邪西毒、南帝北丐,就算是小说中武功盖世的道教全真派始祖王重阳,恐怕也不能在华山之巅一展他的风姿。

华山景之美之奇,华山文化之丰富,典故之多,不是一言两语就能述尽的,也许只有身临华山,才能感受到它带给你的无穷魅力。

太白山为何被称为一座宗教名山

太白山位于陕西省眉县、太白县和西安市周至县三县境内,是秦岭的主山脉及长江和黄河的分水岭,为国家级自然保护区。太白山温度随海拔高度的变化而呈阶梯式增长,气候多样,动植物资源丰富,这里长有世珍国宝——独叶草,还有锐齿栎、辽东栎、侧柏、油松、华山松等数量众多的优质林木,药用植物更是多得数不胜数,其中以"太白"冠名的地道药材有太白贝母、太白黄连、太白花、太白茶、太白三七、太白鹿角、太白艾、太白美花草、太白小紫苑、太白黑人参等。常用中药材有大黄、太羌、党参、黄芪、黄精、天麻、五味子、灵芝等，太白山中的药材已成为太白县的重要经济来源。这里稀奇动物种类多，数量广，主要有国家一级保护动物大熊猫、金丝猴、羚牛、太白虎，国家二类保护动物红腹角雉；国家三类保护动物林麝、鬣羚、青羊、金钱豹、金鸡、血雉等。

太白山云海

《汉书·地理志》中曾将此地命名为太乙山，相传是因为道教十二金仙之一的太乙真人曾在此修炼过。太白山上有很多古建筑，有平安寺、明心寺、南天门、三宫殿、老君殿、拔仙台、斗母宫、文公庙、三官庙、药王殿、嵩坪寺、中山寺、玉皇庙、太白庙等，而其中多为道教所特有的建筑，如斗母宫中的斗母是道教崇拜的女神，老君殿里的老君指的是道教三清祖师之一的太上老君，药王殿则是为了纪念与道教渊源极深的医圣孙思邈所建。可见太乙山与道教关系的密切程度。的确，在历史上，太白山是作为一座宗教名山而彰显其存在价值的。

太白山为著名道教洞天神府，在道教三十六洞天中属第十一洞天——玄德洞天，历来是道教高士隐居修炼之地。太白山与道教的渊源始于西周，相传，太白山最高顶的拔仙台为姜子牙封神之地。而姜子牙又是道教最高神祇元始天尊的徒弟，在道教中有着很高的地位。道教在太白山的发展传播，是随朝代的更迭而兴衰起伏的。自汉时的谷春神在魏晋朝时归入道教派以来，道教经历了唐时的鼎盛，宋元时的逐渐衰败，明清时一定程度的兴盛和民国时的不振。魏晋时期，道教楼观派兴盛，很多楼观派道士隐居太白山，太白山道教便在此时归入楼观派；唐时，道教达到鼎盛，因太白山距离当时的都城长安不远，许多著名的道教人士如孙思邈、李浑等人都曾在此潜心修炼；在五代、北宋时，道教依然延续着唐时的兴盛，金代王重阳创全真派，让太白山成为关中道教活动的圣地之一。元代以后，太白庙在太白山周围的地方随处可见，香火也甚为旺盛；清朝时，太白山所建庙宇众多，道士人数亦达至二三百人之众。据说，清末八国联军攻入北京，慈禧和光绪帝逃至西安后曾让道士在太白山施法求雨。民国时期，军阀混战，匪患猖獗，太行山附近的很多庙宇都被他们用作安营扎寨之所，也有不少毁于战乱，加上政府又提倡拆庙建校，太白山庙宇便多毁于此，所剩寥寥无几。至新中国成立后，在"文革"期间，受"破四旧"运动的影响，好多道观被拆除，仅有的道士也被迫还俗，道教的传播进入低谷。如今，有关道教的各种宗教活动正慢慢得以恢复。

太白山作为道教文化传播的圣地，历来名人隐士不断，传说典故也颇多，如今，太白山正以它所承载的宗教文化，欢迎着八方来客。

华山东峰的"仙掌"是如何留下的

华岳仙掌位于华山东峰的悬崖峭壁上，为华山八景之首。华岳仙掌地势险峻，数年来，人们只能远观奇景惊叹，却无法靠近。站在苍龙岭的将军石观华岳仙掌，是绝佳之地，所观之景也最为壮观：巨大的悬崖峭壁上，一个"神人"的左手掌印赫然立于其上，五指清晰可辨，在天气晴朗的时候观之，五个手指仿佛镀上了一层金色，神奇之景，令人惊叹。

关于华岳仙掌的来历，无疑是大自然所留下的"鬼斧神工"，但是如此神奇之景，倘若没有一两个经典的传说辅之，便真是辜负了古人的超凡智慧和丰富想象力，以及华山的无限美景。

相传在远古时，华山一带只有一座山峦，这里气候宜人，植被浓密，山上终年绿意盎然。山下土地肥美，良田无边，人们过着幸福安宁的日子。但这一切，却在这一年农历的三月初三陡变，这一天，这里顷刻之间被大水淹没。原来，这一日，王母娘娘过寿，在瑶池之上欣赏了歌舞之

华山仙掌

后，由于高兴，就多喝了两杯，谁知，醉意朦胧的她不小心将杯中之酒洒了出来，这下可不得了，真是"天上洒下一滴酒，来到人间变洪灾"，一时之间，人间汪洋一片，百姓死伤无数。这件事被主宰天地的白帝少昊知道后，他不敢怠慢，迅速报告了玉帝，玉帝便命力大无穷的巨灵神下凡人间，来解决这一祸事。巨灵神来到人间后，观察了此处的地形及水患情况之后，便使出神力，将大山一分为二，如此大水倾泻而去，水患解除，百姓重新过上了安居乐业的生活。巨灵神满意地驾云西去，而巨灵神手推山峦的五个巨大掌印却已赫然印在了华山的断壁峭崖之上，成为后人永远可观而不可亲近的一大奇景。

据说，汉武帝曾登临华山，在看了巨灵神所留的神奇掌印之后，对其给人间所做的功德由衷钦佩，便命人在华山下造了巨灵神洞，以为纪念。

华岳仙掌同样也被诗人吟咏不断，唐代诗人王维、刘象、关图等都曾为此景赋诗，王维在看了"仙掌"后所留的《华岳》如此吟道：

昔闻乾坤闭，造化生巨灵。
右足踏方止，左用推削成。
天地忽开坼，大河注东溟。
遂为西峙岳，雄雄镇秦京。

如今，华山的五云峰路口已建有专门的观掌台，并护以石栏铁索，游玩到此，在观仙掌的同时，还可拍照留念。

骊山晚照有何奇妙之处

骊山景色秀美，每当夕阳西下，霞光满天之时，骊山便沐浴在万道霞光之中，景色绮丽动人。从远处观看，奇妙无比，好似一匹身披火焰的骏马，此情此景，便是关中八景之一的"骊山晚照"。

晚照亭位于骊山西绣岭老君殿东不远处。观骊山晚景必须要在晚照亭中吗？实际上，在晚照亭观看骊山美景，是错误的做法，骊山的西北方才是观看晚照奇景的最佳之地。但这不禁让很多人心存疑问，那"晚照亭"建来何用？原来，晚照亭所在地，并非观赏之地，而是能观赏到骊山晚景的最美之地，实有为晚景锦上添花之意。至此，想必很多人都会恍然大悟，正所谓"不识庐山真面目，只缘身在此山中"，原来最美的景色要在景色之外才可以观赏到。站在亭的西北边可以将骊山的所有美景一览眼底。每当夕阳将落之时，雨过天晴、云开雾散之后，骊山一片火红，在夕阳之下炫丽无比，山体和树木全都披上了金红色的外衣，让人产生在仙境之感，景色之美，实在难以用言语来形容。

从狄寨薄太后陵至伍坊村，远望傍晚的骊山，景色奇幻美丽，妙不可言。站在渭河南岸，灞河以北，清晰可见骊山全貌，烽火台、老母殿和老君庙及近旁的村落房舍全部被夕阳笼罩在霞光之中，景色十分美丽且为壮观。

骊山晚照景色之美，同样让很多诗人为之折服，并写下无数诗篇来赞美它。在元朝，诗人刁白就有"渭水秋日白，骊山晚照红。"这两句诗写出了骊山晚照的最大特点，一片红色。明代诗人刘储秀也在《骊山晚照》一诗中写道："复此斜阳相映处，红云朵朵照芙蓉。"同样是又见红霞满天。清杨鼎明的诗"丹枫掩映西阳残，千壑万崖画亦难，此是骊山真面目，一生能得几回看"，则写出了骊山晚照之景的难得一见和景色的宁静悠远。

而清代诗画家朱集义则用一首"幽王遗没旧荒台，翠柏苍松绣作堆。入暮晴霞红一片，疑是烽火自西来"，将骊山晚照和曾发生在骊山上的"烽火戏诸侯"的典故巧妙地联系在了一起，以骊山晚景的实引出历史典故的虚，虚实结合，将对历史的记忆通过眼前的火红之景来展现，怀古之情自然流露。

骊山晚照是否真的存在

据说现在"骊山晚照"已成了传说中的景色，因为近年来已很少有人见到，想必是和现在的环境、气候等条件的变化有关，试想，如此神奇绝妙的美景，对外界所形成条件的要求必相当苛刻。但人们更情愿相信"骊山晚照"只有有缘人才能难得一见的传言，这样，也为它增添了一丝神秘色彩。"骊山晚照"很难见到，所以它虽是关中八景之一，但现在却少被来此旅游的人们提起。因为骊山晚照之景甚为少见，也让人们不禁有了疑问，它是否真实地存在过？抑或只是历代文人墨客华丽词藻的堆砌？如果它真实存在，那么形成它的真正原因又是什么呢？

据研究骊山文化多年的相关人员证实，骊山晚景确实存在，在20世纪80年代曾有人亲眼见过，但时间非常短，整个过程大概只有不到10分钟的时间，可惜当时拍照不像现在这么方便，没有留下任何印迹，实为一个小小的遗憾。

关于骊山晚照，还有一个小传说，又为它增添了几分奇幻色彩。相传唐高祖李渊在隋为官之时，与太子杨广不和。当他激流勇退，辞职离京之时，刚走到临潼县境内，便被杨广的人堵截围住，当两方厮杀正酣之时，李渊的夫人窦氏却要生产了。李渊只好派人将夫人送到附近的一个破庙内暂住，不久庙中便传来婴儿的阵阵洪亮的啼哭声，这便是后来的太宗李世民。有一日，丫鬟将所有尿布拿去清洗，到天色将晚时才将尿布清洗干净晾至衣杆上。窦夫人因担心第二天没有尿布可用，便自言自语道："要是太阳再照一会，将尿布晒干就好了。"谁知她话音刚落，不可思议的一幕出现了：刚落下的太阳此时又露出了头，光线透过红色的尿布将整个骊山照得一片火红，这时的骊山遍体通红，色彩斑斓，骊山晚景由此形成。不久太阳又重新落下，刚才的奇异之景也瞬间消失。从此，骊山晚照便与太宗李世民有了千丝万缕的联系。

形成骊山晚照的原因，当然与它所处的地理位置、环境、气候等有关。要形成晚照的奇景，必须是诸多条件同时具备，如山体的形状、植被的茂盛、夕阳的照射、天空的映衬、晚霞的烘托，且要在夏秋之季，雷雨过后，才可一览骊山晚照的美景。这样说来，要想亲眼看到此景就是机会难逢、千载一遇了。

太白山的积雪为何常年不化

太白山位于陕西省眉县、太白县和西安市周至县三县境内，是秦岭山脉的主峰，关中八景之一。太白山上终年积雪，早在北魏郦道元的

《水经注》里就有对太白山积雪的文字记载，"太白山南连武功山，于诸山最为秀杰，冬夏积雪，望之皑然。"太白山景色优美，山上动植物种类繁多，有绿色植物宝库和天然动物园之称。太白山山势极高，山的顶峰有大太白海、二太白海、三太白海和玉皇池四个高山湖泊，其湖水均湛蓝清澈，深不可测。由于山势海拔极高，山顶空气稀薄，气候寒冷，故积雪终年不化，即便是在炎热的夏季，皑皑白雪在阳光的照射下仍然银光四射，景色颇为壮观神奇。

太白积雪

清代诗人朱集义曾这样描写太白山积雪的胜景："白玉山头玉宵寒，松风飘佛上琅云，云深何处高僧卧，五月披裘此地寒。"

太白山上为何常年积雪不化呢？这与太白山的气候和地貌特征是分不开的。

太白山分低、中、高三种地貌类型，而终年积雪的峰顶在海拔3000米以上，第四纪冰川地貌形态较清晰、保存较完整。而处在山峰之巅的拔仙台是第四纪冰川活动中心，各种冰川地貌分布在它周围。

太白山的气候多样，随着海拔高度递增，其温度呈阶梯式递减。太白山海拔极高，达3767米。而太白山的积雪带在海拔3350米以上，为高山寒带气候。这里全年无秋季，只有七八月份气候稍暖，早晚温差极大，日平均气温在5~10摄氏度的天数大概50天。冬季时间长，8月开始降霜，9月到第二年的5月便持续降雪不断，平均气温都在0摄氏度以下，局部最低气温甚至达到零下30摄氏度。

首阳山的历史典故

首阳山位于渭源县东南的莲峰乡享堂沟,因为其在群山之中山势较高,阳光最先照到,故而得名。像唐代文学家刘禹锡在《陋室铭》中所写道的:"山不在高,有仙则灵。"首阳山在祖国的山川大河中,无论哪一方面都不出众,但却被众人所熟知,这与曾在这里隐居的两位历史人物有关。

首阳山

商朝末年,纣王无道,各诸侯国纷纷起兵伐纣。当时,商朝有一个小诸侯国,叫作孤竹国(今河北省卢龙县)。孤竹国的国君墨胎初有三个儿子:伯夷、公望和叔齐。由于年迈,墨胎初便有意将王位传给儿子叔齐。但叔齐则认为,自己上有两个哥哥,怎么说也不能越过兄长而当这一国之君,便执意不从。伯夷知道后,为了不让父亲和弟弟为难,便偷偷地离开了孤竹国。叔齐得知哥哥离家出走后,也紧追其后,于是两人便结伴来到了西岐。西岐是周文王姬昌的领地,姬昌为君贤明有道,将国家治理得井井有条,百姓安居乐业,与纣王的惨无人道相比,这里仿佛人间天堂。谁知二人来后不久,周文王便驾鹤西去,周文王的儿子姬发继承王位,史称周武王。姬发继位后,决定举兵伐纣。叔齐和伯夷得知后,二人便不顾生命危险一起拦下武王道:"大王,你的父亲刚刚去世,你不先好好安葬他,反而要发动战争,这是作为一位孝子应该有的行为吗?再者,你作为大商的臣民,享用着大商赐予的一切,你不好好尽忠，反而想以下犯上，取而代之，倘若今后你夺了天下，这弑君之罪你担当得起吗？你的仁义之心何在？"武王姬发年轻气盛，听了这些话大为恼火，遂下令将二人杀掉。此时，幸好被周国谋臣、被武王尊为"师尚父"的姜子牙所阻。他说道：武王且慢，这二人说的话虽然不好听，但他们都是孤竹国国君的儿子，也是有名的仁义贤达之人，就放了他们吧。"武王生平最为敬重师尚父，便不再追究二人的看似大胆狂妄的荒唐行为。

经历了此番的冒死相谏，叔齐和伯夷发现姬发并不买他们的账，便心灰意冷，亦认定武王为不仁不义不忠不孝之人，气愤之下，二人相约离开了周国，沿渭河北上，来到首阳山隐居起来。公元前1046年，商朝灭亡。二人听闻后，甚是伤心，又想起当年武王欲起兵伐纣，二人苦苦相劝之事，更觉武王不义，遂下决心誓死不食周朝的一粟一谷。从此他们二人便在首阳山上以薇菜为食。薇菜毕竟是野菜，味道虽美，但数量却少，远远不能满足人正常的饮食需要，于是二人在这样的日子里逐渐地消瘦下去，身体状况很差，全身浮肿，面带菜色。这种情况在一次上山采寻薇菜后而变得雪上加霜。一日，二人照例拖着极虚的身体在山上采摘薇菜，遇到一上山采药的农妇，农妇知其二人的事情，便好言相劝道："二位先生气节虽高，但你们想过没有，你们即便如此，也还是脱不了和周朝的关系呀，因为你们现在所食的薇菜也是周朝的土地上所长啊。"二人听后，长叹一声，后竟连薇菜也不食了。这样做的后果可想而知，不久，二人便因饥饿虚弱而死，只留下了饱含二人苦楚和不满的《采薇歌》传唱至今，歌中唱道："登上那西山啊，采摘那里的薇菜。以暴臣换暴君啊，竟认识不到那是错误。神农、虞、夏的太平盛世转眼消失了，哪里才是我们的归宿？唉呀，只有死啊，命运是这样的不济！"

叔齐和伯夷的故事被后世广为传播，但同时也引起争议无数。有的人认为他们太迂腐，这样做毫无意义，也有人认为他们这样做，显示出了极高的精神气节，尤其被孔孟之道所推崇，认为他们是至忠至仁的道德典范，后世亦不乏效仿者。中华民族是拥有五千年文明的泱泱大国，儒家的仁义思想为民众所推崇，并将其作为做人的道德标准。而叔齐和伯夷的这种道理风尚正好与儒家思想相契合，还有说是叔齐和伯夷的此等气节成就了后来的儒家思想。

叔齐和伯夷作为历史人物，虽早已退出了历史舞台，但他们给后人留下的思索和争论还未结束，如果我们用多棱镜来看待和理解他们，或许会有不同的收获。

咸阳古渡为何被称为"秦中第一渡"

咸阳古渡位于陕西省咸阳市渭城区渭河北岸，在今咸阳市东南不远处，为关中八景之一。

咸阳渡口即渭河渡口，据《咸阳地方县志》载，"咸阳古渡"有"秦中第一渡"之称，是古时通往西北（甘肃等地）和西南（四川）的交通要道，地理位置十分重要。秦时，渭河之上便架设有桥梁，行人站于其上，可西望雄伟壮观的咸阳城宫殿。

汉时，国家兴旺，经济发达，各地通商买卖频繁。当时的路上交通和数量极少的桥梁已不能满足人们出行的需要。出于修建帝王陵墓的需要，于是，在原有秦时所建中渭桥的基础上，汉景帝和汉武帝又分别下令修建了东渭桥和西渭桥。而当时的官方渡口则都依桥而建，以弥补陆路交通的不足。而今所说的咸阳古渡遗址，就位于西渭桥附近，所以咸阳渡口又叫作渭河渡口。自张骞开辟了丝绸之路后，咸阳渡口在当时已是中原通往西域的必经之路。

唐朝时期，正逢太平盛世，国家兴旺，经济高度发达，各地往来通商频繁，而此时的咸阳渡口更是成为人们进出长安城的必经之地。于是，渡口白天路上、桥上车水马龙，乡人走贩络绎不绝，晚上，城门关闭，陆上交通受到限制，咸阳渡口便开始正式发挥它的作用，各地商船、客船来往于河流和码头之间，水上一片灯火辉煌，不见长夜之象。当时，西域乃荒凉、人烟稀少之地，故人们从此处离别西去，总带有些许的离别愁绪，或感叹此去与亲人朋友再相见无期，或感叹西部地区的荒凉。总之，从那时起，淡淡的离别愁就围绕在这古老的咸阳渡口，在它的身上，也总是咏别伤愁诗句不断。如王维的那首流传至今的以伤别离话愁绪而闻名的《送元二使安西》，最后两句"劝君更进一杯酒，西去阳关无故人"，一语道出了离别的无奈和西域的荒凉之色，至今仍是人们话离别的最好寄托。而最有名且传唱至今的则是那首流传甚广且影响甚远的《阳关三叠》，真是将离别之意推至高潮。

到了明清时，咸阳古渡更是将它的作用发挥到极致，而"秦中第一渡"的美名也源于此时。

现今的咸阳古渡虽只剩遗址让人们来想象它当时的繁华，但在渭河之上新建的几座桥梁和正在开发中的渭河生态区，或许可以在未来让人们重识咸阳古渡的风姿。

您知道"滋水"指的是哪条河吗

滋水即现在的灞河，属于渭河的一个分支，发源于秦岭以北的西安市蓝田县境内，流经灞桥区、未央区，在高陵县汇入渭河。

秦朝时，秦穆公称霸西戎，为显其威，便将滋水改为灞水，后来人们又称其为灞河，并沿用至今。

滋水风景幽美，站在由碧水托起的船上仰望蓝天白云，周围是茂密深绿的林木，远处群山巍巍，美丽景色让人心旷心怡。有名的灞桥便建于这幽幽的碧水之上。

自秦穆公改滋水为灞水并在其上建桥后，灞河在历史的长河中也变得多姿多彩。公元22年，灞河发大水，当时的

灞河夜景

执政者王莽觉得灞桥一名不吉利，遂将其改名为长存桥。灞桥在唐时成为关中交通要地，连接着西安东边的各主要交通干线，其上设有驿站。从此，它便见证着无数人们的离别伤感之情，"灞桥风雪"便是因此而生。在风景美丽的灞桥上，人们惜惜送别，幽幽的灞河水，亦承载着人们无限的离别惆怅。唐朝的诸多诗人都曾在此留下带有伤感气息的话别离之作，如李白的"年年柳色，灞陵伤别"。岑参的"初程莫早发，且宿灞桥头"……最值得一提的是，在唐代诸多诗人所作诗词中，提及灞桥的竟有一百多首，而这些诗词中，又以伤别离的为多，故灞桥又有"情尽桥""断肠桥""销魂桥"之称。在灞水的两岸，杨柳依依，柳枝随风飘扬，同灞桥一样，成了诗人们话别离的吟咏之物，在人们送别至灞桥时，都要折柳相赠，以示思念之情。每到春夏之季，灞河岸边柳絮飘扬，犹如飞雪，"灞桥风雪"之景由此形成。关于灞桥风雪之景的描述，除了诗词，还可在古代人的画作中找到。有名的如明代著名画家吴士英的《灞桥风雪图》。这幅图描绘了一位骑驴的老者在满天飞絮的桥上慢慢经过。画风简洁明了，人和物形象生动，观后让人陷入沉思，

久久不能忘怀。

昆明池与汉武帝有何渊源

昆明池建于汉武帝元狩四年（公元前119年），位于长安西南的上林苑中，周围十里。虽经历代多次修浚，终于唐大和年间干涸为陆。本来这个池沼是为了训练汉朝水师而修建的，不过后来演变成了泛舟游玩的场所。此外，如今池址附近还有牛郎织女的石雕人像，但不知为何而立。《三辅黄图》和《西京杂记》中都有关于昆明池的详细记载。

而《西南夷传》中记载，天子（即汉武帝）遣使到身毒国去求市竹，在昆明受阻而未能到达；于是尚武的刘彻便想征伐昆明。但是据回报之人所说，昆明国有一处方圆广达三百里的滇池，于是汉武帝便下令，比照滇池而开凿了一处池沼，作为练习水战的基地，并命名为昆明池。

《三秦记》中则说昆明池里其实有一处灵沼，名为神池，上古尧帝治水时，曾在这里停泊过船只。这个神池与白鹿原是相通的。所以神池中的一条鱼便游到了白鹿原，被人钓鱼时钓到，还好这条鱼拉断了钓线，嘴上负伤带钩就游走了。夜里便托梦给汉武帝，求他把钩摘下去。第二天，汉武帝来到池上游玩，果然看见一条嘴上挂着鱼钩的大鱼，就顺手摘去了鱼钩，并把大鱼放走了。一晃三天过去了，这日汉武帝又来池上游玩，在池边得到了一对明珠。而这对明珠正是那条鱼的报恩之礼。

可惜后来由于汉朝国力衰退，池沼常年未能进行维护，终于干涸为陆。但值得欣慰的是，昆明湖的基础还在，而政府也正在准备截水蓄湖。如果昆明池重新充满水泽，据史料而言，其水面面积相当于现在六个西湖的大小。

化女泉有什么传说

化女泉位于道教圣地西安市周至县楼观台的说经台之西，传说和老子有着莫大的关系。

老子曾做过周朝的几任小官，后来因世风不再，便辞归故里，在商丘潜心修道。回家路上，将一具若有虚魂的白骨点化成人，即后来专为老子牵牛的徐甲。到函谷关令尹喜迎老子到楼观台讲学时，徐甲已为老子牧了二百年的牛，但从未得到老子原先许诺过给他的工钱。

化女泉景区

一日徐甲照往常一样放牛，他觉无聊透顶，苦不堪言；加之风餐露宿，劳神清苦；学道之路不知何时方休，可得圆满。他想，如此浑浑噩噩，不如向老子讨要工钱，然后辞别，去过逍遥自在的舒心日子。但是心里一直踌躇不定，一时无以为谋。

走着走着，忽然看到一座好大的庄园，其内有一位娇羞欲滴的俏姑娘，搀着一位老员外。那员外看徐甲时不时地偷觑身边的丫头，便劝他说："人生一世，草木一秋，何必参禅悟道，白白受些折磨。不如入赘某家，娶了这位漂亮姑娘，还能承继偌大庄园，岂不甚好？"徐甲听罢，心里小鹿乱撞，瞟眼窥姑娘，正好那姑娘也在向他暗送秋波。如此一下，他便如痴如醉，着急忙慌地翻身就要去讨工钱。谁知刚一转身，前面庄园已无，后面的员外似乎也有动静。再转身回来，顿时心惊。背后直冒冷汗。

原来老子本想把道家玄妙传给徐甲，但近日发现徐甲不肯吃苦，常有怨言，便化出了一个庄园，并用七香草变出一个姑娘，以此来试探徐甲的心思。谁知徐甲果然道心不坚，私欲过多，一试即中；老子不由得勃然大怒，现了真身。手持拐杖，猛一触地，那个七香草变的姑娘便化成了一眼清泉；接着又将徐甲一点，徐甲就变回了原先的一堆白骨。尹喜闻知后马上赶来，见如此景状，便苦苦哀求。最后虽然在尹喜的百般哀求之下，老子将白骨又变成了徐甲，但也只好忍痛将徐甲驱出山门。不过徐甲明白老子是要继续考验自己，便洒泪而别，最终得道成仙，被信众们推崇为"白骨真人"。

而那个姑娘所化的泉水至今仍在，并且泉水清冽，足可饮用，即今日之化女泉。

上善池的传说故事

说经台的山门两侧有钟、鼓二楼，对峙相望；山门之前，有石阶盘道直至台顶。上善池是一座石砌泉池，位于此山门西侧不远处。其内有一个石雕的龙头，终年吐水不断，相传在元朝至元二十年（公元1283年）的时候，还救过不少人的性命。

当时西安的周至地区发生了瘟疫，却无药可医，所以死者无数，并且疫情仍在扩大。百姓苦于无医，便都到楼观台来拜神请愿。时任楼观台监院的张志坚往来送迎，并安抚染疾的香客，心里也甚是着急。

上善池

张监院劳累一天后，晚上将睡的时候，竟然恍惚地看到了太上老君，于是他马上跪拜行礼，并诉说疫病猖獗，无药可医，希望老君垂悯。太上老君见他至诚，便让他附耳过来。说完之后，忽然白光一闪，已而天亮，监院方知实为一梦。

可是张监院回想老君附耳之言，便立马到山门之外寻找，果在西边的石板下挖出一眼泉来。监院欣喜异常，因为这正是梦中老君对他所讲，可以挖出泉水的地方，而此泉之中更有老君亲炼的救命丹药，足可治愈民疫。于是张监院马上取水给得了瘟疫的道士饮用，竟然"泉到病除"。此时他更无疑虑，马上分派众道士传出消息，让远近得了瘟疫的百姓都来取水治病，瘟疫遂退。

后来翰林学士赵孟頫来楼观台游览，见新多一泉，便问缘由。了解之下，竟有如此异事，便取《道德经》"上善若水"之意，大书"上善池"三字以命名。

至今每逢庙会，还有不少香客来争饮此泉，以期望祛病延年之效。

西安的人文景观

莲湖公园真的是朱樉开发的吗

莲湖公园位于西安市莲湖路南,坐落于唐代宫城承天门遗址北侧,是西安现存最早的园林建筑。莲湖公园面积甚广,其中水面的面积便占据了公园的三分之一。

明洪武年间,明太祖朱元璋次子朱樉于公元1378年前往西安就任藩王,史称秦王。是年,朱樉开始实施重建西安基础设施的一系列工程,这次重修范围包括西安城墙,建设秦王府、东岳庙、城隍庙与莲花池(莲湖公园)。在这次扩建和重修城内设施的过程中,莲花池建成之后是被用来作为他的后花园的,休闲娱乐之地,除了大之外,舒适、景色优美宜人是最重要的,因此,从修建之初的选址,再到最后的完工,整个过程朱樉可谓是费尽了心思。在经过一番考察之后,最终将湖建在了唐承天门遗址北侧,这可以说是朱樉讨了个巧,因为他巧妙地利用了唐宫承天

莲湖公园景色

门遗址地势低洼不平的特征，通过开挖人工湖，将西安城南的皂河水由南向北七拐八绕（河水先流经丈八沟，后进柳河渠，再至城西，穿过城墙，最后经西门内侧的白鹭湾）地引入湖中，后又在湖中广种莲花，故此湖又被称为莲花池。莲湖公园建成之后，我们可以揣见作为朱樉后花园的莲湖公园内歌舞升平、饮酒寻欢的景象。朱樉在西安任藩王17年，其在众藩王中年龄最长，又手握重兵，但却屡犯错误，后于洪武二十四年（公元1391年）被召回京师，经皇太子劝解，又被放回西安继续留任藩王。公元1395年逝世，其藩王职位一直延续后代至十一代，共十六位王。

清朝康熙七年（公元1668年），巡抚贾复汉主持清挖池内淤泥，将莲花池改名为"放生池"，规定平民不得进公园游赏。1925年孙中山先生逝世后，西安各界人士曾在莲湖公园内进行追悼纪念。

1927年改称莲湖公园。莲湖公园内的湖泊是西安城内唯一的湖泊。在1949年以前，莲花池水面积庞大，共分南、北两湖，湖中可以划船，是西安仅有的两座公园之一（另一公园为革命公园），莲湖区就因为莲湖公园而得名。但在新中国成立后的"文革"期间，莲湖公园遭到破坏，湖水面积骤减，这时的莲湖公园只被称为"北五台"。

现在的莲湖公园规模与以前相比，无论是在游乐设施，还是湖面的扩展上，都比之前要大出许多，景色亦更幽美，是西安市民休闲、赏荷的首选之所。值得一提的是，曾任国立西北农林专科学校（现西北农业大学的前身）校办林场场长兼教授的德国籍林业专家芬茨尔博士1936年8月14日病逝后，就被埋葬于莲湖公园内。

黑河国家森林公园的美丽传说

黑河国家森林公园位于黑河的源头周至县境内。公园园址宽阔，里面植被丰富，覆盖面积广，周围交通发达。园区风景如画，有四大景区，100多个景点，且动植物资源丰富，大熊猫、金丝猴、羚牛等珍稀野生动物穿梭其间，傥骆道、营盘梁、钓鱼台、大蟒河等历史人文景观，凸显出了深沉厚重的文化积淀。游客身处其中，往往会被美景陶醉而流连忘返。在夏、秋两季，黑河森林公园的温度要比市区气温平均低十多度，是人们避暑的旅游胜地。

黑河森林公园属太白山范畴，其生物资源颇具代表性，在国际上有着广泛的影响力。植物种类和野生动物种类均较多，是我国少有生物多样性保护相对完整的地区之一。公园内原始森林广袤，主要分布在厚畛子、铁甲树一带和大蟒河、父子岭、黑河主河道之间，均以油松、栎类、

黑河国家森林公园

椴树、白桦等为主。公园内林深似海，人迹罕至，行走其间，能使人深切感受到大自然的神奇与奥妙。

傥骆古道是黑河森林公园内的重要人文景观。其北起周至骆峪口，南到洋县傥峪口，是古时关中地区通往汉中、四川的六条交通干道之一。傥骆古道在历史上是交通要道，在其上，亦发生了很多有名的历史事件。如三国时，蜀国攻打魏国之时，曾三次取道傥骆古道。东晋时，梁州刺史率兵自傥骆口出发，破赵后攻入长安。唐朝中期，国家处于混乱状态，各地起兵造反之事频发。每当险情危及长安，皇帝逃跑时多选此道。在清朝时，傥骆古道又成为关中和陕南等地区相互交流贸易的交通要道。民国时，此条古道又成为胡宗南部兵败而逃的便道。

有关公园内的诸多自然景观都有着或神秘或美丽的传说。相传黑龙潭中曾藏有神龙。凡是天气干旱、水患或人们中流行的疾病，皆是这条龙所为。故乡人们为了让龙不再降祸于人间，便在潭岸边建起了祠堂，堂内祭祀案几上酒肉不断，人们便在此早晚虔诚地祈祷，望神龙得享"美食"后造福周围的居民，神龙最终给人们带来的是福是祸，如今的人们已不得而知，但是有一首略带调侃意味的诗或许道出了实情，"肉堆潭岸边，酒洒庙前草，不知神龙享几多，林鼠山孤长醉饱。"据说，明末清初，起兵造反的吴三桂兵败逃至此地时，或许因为一路走来，所携东西太多，便将金盔甲仍入了潭水之中。

再来说说仙姑坟，其位于黑河南岸的沙梁子峡下。相传在古时，有一个美丽与智慧并重的村姑，一次偶然的机会不幸被一财主看中，财主便前去逼婚，村姑无奈之下愤而投河自尽。其身体被河里的流沙掩埋，从此此处便成了神奇之地，无论黑河的水怎样涨，这一处的沙都岿然不动。

太平河，相传唐武则天的女儿太平公主有一次在经过傥骆古道前往汉中的途中，见此处河水清澈如明镜，两岸树木茂密，鸟儿叫声清脆婉转，景色甚是迷人，她便驻足此地慢慢观赏，而不思前行，因此得名太平河。

黑河森林公园不仅景色幽美，而且生态环境良好，是少有的天然氧吧，四季常游走于此，可让人身心放松，头脑清爽，对人的生理机能有着良好的舒缓作用。

兴庆宫公园曾经真的是李隆基的旧宅吗

兴庆宫公园位于西安市东门外咸宁西路北，毗邻百年名校西安交通大学。现在的兴庆宫公园是在唐兴庆宫遗址上修建起来的文化遗址公园，为西安最大的城市公园。

唐时的兴庆宫作为皇家的朝政中心，更是他和爱妃杨玉环的居住之所。兴庆宫公园内原建有兴庆殿、南熏殿、大同殿、勤政务本楼、花萼相辉楼和沉香亭等建筑物。从整体上来看，兴庆宫中间有一座东西向的隔墙，将其分为两半，南半部的园林风光最美。兴庆宫的北半部宫殿巍峨，建有南雄殿、长兴殿、大同殿、勤政务本楼等建筑物，各有千秋，别具一格。

兴庆宫公园内景

先天元年（公元712年），宽厚恭谨，安恬好让的唐睿宗李旦怕处于久乱之中的李唐江山长此下去会不保，便将皇位让于儿子李隆基即位，即为唐玄宗，史上又称唐明皇。

开元二年（公元714年），李隆基便将昔日所赐的临淄王府进行了扩建，并将府第所在地隆庆坊改为了兴庆坊。

现在的兴庆宫公园是于1958年在唐兴庆宫遗址上修建起来的文化遗址公园。公园设计用大写意的手法，泼墨挥洒，取西北高而东南低之势，三山植林木，湖中立三岛，以龙池为中心，在郁郁葱葱、山水相依之中，按原兴庆宫的方位，布设了沉香亭、花萼相辉楼、南薰阁、长庆轩、日本遣唐使"阿倍仲麻吕"纪念碑、五龙潭亭、三八林等景点。它的设计既继承了我国民族传统风格，又吸收了国外造园的艺术特点。公园中兴庆湖即在原兴庆宫中"龙池"原址建成。湖中碧波荡漾、岸边树木葱郁、草坪如茵、百花似锦、景色宜人。园内有唐勤政务本楼遗址，仿建有唐玄宗与杨贵妃游乐的"沉香亭"以及花萼相辉楼、长庆轩、缚龙堂、南薰殿、竹翠亭等景点和阿倍仲麻吕纪念碑等多处名胜。

兴庆宫公园可谓全西安人的后花园，自公园重修后，西安无论哪个年龄段的人，很少有说没来过的。

九龙潭风景区为何会有"小华山"之称

秦岭九龙潭风景区位于秦岭北麓、西安市长安区境内的喂子坪。这里风光秀丽，峰青峦秀，背靠佛教圣地观音山，迎面是道教万华山，景区内溪水潺潺，飞流而下的瀑布令人流连忘返，有"小华山"之称。

九龙潭风景区沿观音山西坡的山脊由北向东、自高而低分布，是一条狭长而美丽的大峡谷，内有九个不同山峰自然形成的九个不同风格的水潭和八个不同风格的瀑布。溪水自高山山泉而出，清冽无比。景区内生物资源丰富，漫山的苍翠松柏、花木等灿烂夺目。

在景区的山顶，有一个显眼的鹤场。说到鹤，还有一个传说呢。相传，鹤是观音菩萨的坐骑，有一次观音驾鹤在天空中经过九龙潭地区，发现此处风景异常美丽，便停下来欣赏。后来，人们便将鹤停下来的地方叫作"鹤场"，并在此处建寺立庙，至今寺院的舍利塔中还存放着圆开静法师的心脏舍利，这群山环抱着的诸多庙宇，自然也就成了人们的烧香敬佛和观光旅游之地。

您知道朱雀森林公园里都有哪些好玩的地方吗

朱雀森林公园，即朱雀国家森林公园，位于西安市户县南部东涝河上游，秦岭的北侧。公园内的山势大致分两种分布，前面部分山势平坦，植被丰富，流布于其间的溪水一曲三折，流水潺潺，清澈无比，景色秀丽可人，一览无余。公园的后面部分山势陡峭突起，山峰高耸入云，层层叠叠，而横挂于山间的瀑布则从峰石的缝隙间飞流而下，唱着永不知疲倦的生命之歌，真是好一幅山水相融的美丽画卷。

朱雀国家森林公园主要分5个景区，分别是秦岭梁景区、芦花河景区、龙潭子景区、奇秀峰景区和冰河翠景区。秦岭梁景区林木苍翠，溪水环绕其间，清澈透明，缓缓流淌，鸟儿嬉戏鸣叫于山石花草间，漫步其中，仿

朱雀森林公园

佛进入世外桃源，令人心旷神怡，豁然开朗。景区可圈可点之处众多，随手拈来，有跌水的美丽画卷，卷云岩顶的舒卷如云团的岩石，由岩顶倒挂而下的翠崖银帘，以及如有星光闪烁的金星潭等。芦花河景区地势平坦开阔，被山势包裹着的芦花河水顺着河道缓慢而从容地流过，河水清澈见底，建筑于其上的亭台茶社倒映其中，风轻轻吹来，水波在林木草影间影绰而动，清新幽雅至极，是游人休闲避暑的胜地。冰河翠景区植物茂盛，气象万千，处处显露着冰川遗迹的雄浑壮观。溪水被掩映在绿树密林间，久不见阳光的山石之上长满绿绿的青苔，周围古松奇形怪状，仿如棵棵盆栽植物，处处显露着它们所散发出的原始森林的野性之美。登上景区最高峰，可远望渭水，俯视巍巍群山。龙潭子景区以水景为主，龙潭河水似一条巨龙般若隐若现地穿梭于山涧中，半山腰处倾泻而出的瀑布飞奔而下，气势壮丽雄浑，同山中景色一起，勾勒出一幅奇妙的山水画卷。

奇秀峰景区以山景为主，山势陡峭，奇峰怪石无数，松柏傲立于悬崖之上，崖石峰高怪异，壮丽无比，走入其间，犹如身在仙境。

景区内比较著名的景观和景点有天门神光、云岫峰、芳原绿野、文公庙和秀若云霞、蛟戏笑佛、龟负巨石等。

终南山是道教的发祥地之一吗

终南山，简称南山，又名太乙山、地肺山、中南山、周南山，是秦岭山脉的一段。风景秀丽，极其幽雅，素有"仙都""洞天之冠"和"天下第一福地"的美称，是道教发祥地之一。

据传在春秋楚康王时，尹喜为函谷关令。老子西游入秦，从函谷关过，尹喜知道他是个大圣人，就忙把老子请到楼观，执弟子礼，请他讲经著书。老子就给尹喜讲授道家思想，并且著《道德经》五千言，然后骑着青牛悠然地走向终南山了。

据说今天楼观台的说经台就是当年老子讲经之处。后来道教产生时，尊老子为道家始祖，尹喜为文始真人，奉《道德经》为根本经典。于是楼观成了"天下道林张本之地"。张衡的《西京赋》里对终南山有这样的描写："终南山，脉起昆仑，尾衔嵩岳，钟灵毓秀，宏丽瑰奇，作都邑之南屏，为雍梁之巨障。其中盘行目远，深严邃谷不可探究，关中有事，终南其必争之地。"说明终南山不仅风景秀丽，地理位置也相当重要。其中的子午道，是西安通往蜀中的要道，唐时从四川进贡杨贵妃的荔枝，取道西乡驿，不三日即到长安，因此这条道也名荔子路；另一条是武关道，是西安经商洛通楚、豫的大道，秦始皇二十八年"自南郡由武关归"，走的即是此道。

杨贵妃曾在华清池沐浴过吗

华清池,亦名华清宫,位于西安临潼区骊山北麓,西距西安30公里,南依骊山,北临渭水,素来以温泉汤池著称。周、秦、汉、隋、唐历代统治者,都以华清池作为他们游宴享乐的行宫别苑,相传唐玄宗就曾在此和杨贵妃共浴。唐代诸多文人如白居易、杜牧等人在诗作中均有提及。

当时的工匠在冬天利用温泉水在墙内循环制成暖气,因而每当雪花飘舞时,在别处是雪,到了这里便落雪为霜,故名飞霜殿,名曰汤泉宫,后改名温

华清池

泉宫。到了唐玄宗时治汤井为池,环山列宫殿,此时才称华清宫。因宫在温泉之上,所以也称华清池。飞霜殿是唐玄宗和杨贵妃的寝殿。据记载,唐玄宗从开元二年到天宝十四年的41年时间里,先后来此达36次之多。白居易《长恨歌》就写道:"春寒赐浴华清池,温泉水滑洗凝脂。侍儿扶起娇无力,始是新承恩泽时。"

容珍聚宝的上林苑是怎么被湮没的

上林苑可以说始建于秦朝,然而真正发扬光大却是在汉武帝刘彻的建元三年(公元前138年)。那年刘彻下令扩建本处秦代的旧苑址,所成宫苑不仅规模宏伟,宫室众多,而且还有多种功能和游乐内容。

规模上,上林苑当时地跨长安、咸阳、周至、户县、蓝田五境,来往

纵横300里，还有灞、浐、泾、渭、沣、滈、涝、潏八条大河出入其中。

其内的建筑，据《关中记》所载，上林苑中共有三十六苑、十二宫、三十五观。

功能上，首先，是汉家重要的军事基地。汉武帝时，亲兵御林军便驻守于此，而他们交由大将军卫青统领后，汉武帝便走向了一个崭新的历史舞台，有了"犯强汉者，虽远必诛"的豪气胆魄。其次，此处是汉天子打围之场。《汉书·旧仪》记载："苑中养百兽，天子春秋射猎苑中，取兽无数，其中离宫七十所，容千骑万乘。"

其实游乐也算是上林苑的一种功能。上林苑既有优美的自然景观，又有华美的宫殿群落，更兼有为数众多的温泉池沼，绝对称得上是一个包罗万象的园林总体，其实它更是秦汉时期宫苑建筑的典型，比如今的国家森林公园只有过之。

此外秦汉的上林苑，有用太液池所挖出的土石而堆成的小岛，象征着东海神山，开创了人为造山的先例。

虽然上林苑是汉朝鼎盛的标志，但是如此巨大的皇家园林，必然"上乏国家之用，下夺农桑之业"。经历了昭、宣二帝之后，当元帝掌朝之时，这种情况果然被当时谏阻汉武帝的东方朔言中，朝廷已然不堪重负。最后不得不裁撤了管理上林苑的官员，还把宜春苑的池、地还给了平民，用以耕种养鱼。成帝时，又将"三垂"（东、南、西三边）所占之地划给了平民。西汉之末，王莽篡位，于地皇元年（公元20年），取上林苑中十余处宫馆的材料，改建了九处宗庙。徒劳费事的王莽，随后便与赤眉义军在都城开战，上林苑也因此而遭受了不可挽回的毁灭性灾难……

东汉之初，班固所撰之《西都赋》讲："徒观迹于旧墟，闻之乎故老。"说明王莽乱政之后，上林苑已仅剩残墟矣。如此史诗般的上林苑，自秦而至西汉，只存240余年耳。

陕西历史博物馆为何被称为"华夏珍宝库"

陕西作为三秦大地，在历史上占有非常重要的地位，很多王朝都在此建都，如周、秦、汉、唐等。不仅如此，这里还是华夏文明发展的重要地区之一。陕西历史博物馆作为一座综合性历史博物馆，收藏了大量的文化遗存，充分地把陕西的历史文化展现在人们面前，所以陕西历史博物馆又被称之为"华夏珍宝库"。

陕西历史博物馆展物

陕西历史博物馆建筑面积5.5万平方米，馆内藏有文物37万余件，种类齐全，拥有很高的研究价值，如商周时期的青铜器或唐朝时期的金银器，都代表了陕西的悠久历史文化底蕴。博物馆的整个陈列共分为五个部分，分别是序言厅、基本陈列、中央展厅、专题展览厅、临时展览厅。

博物馆的序言厅陈展了一尊巨大的千年石狮，再加上一幅画有黄河和黄土高原的照片，将古老的华夏文明充分地展现了出来。博物馆内基本陈列了陕西古代时各个朝代的典型文物，让人们充分地领略古代陕西的社会文明。基本陈列中有很多珍贵的文物，有古代先民时期的彩陶器皿，有西周时期的青铜器，还有秦朝时期的兵马俑等。在此基础上再配上图片、模型等辅助展品，全面展现出了从古至今的陕西文化。

半坡博物馆建造于半坡遗址吗

半坡遗址博物馆，位于西安市东郊浐河东岸半坡村北，建造于1957年，到了1958年正式对外开放。半坡遗址是一座母系氏族公社的村落遗址，相对而言，在黄河流域还是比较完整的。半坡遗址博物馆便是在半坡遗址之上建造而成的。

半坡博物馆陈展内容共分为三个部分，分别是出土文物陈列、遗址大厅以及辅助陈列。其中，出土陈列又被划分为两个展室，主要的陈列内容为从半坡遗址中挖掘出来的生产工具和生活用品，如石器、陶器、石斧、石刀等。除此之外，还有各种原始居民所使用的艺术品和装饰品。在这些文物中，人们可以看到很多绚丽的陶器，这些陶器上绘有大量的图案，有的生动活泼，有的神秘莫测，这些图案大多都绘在陶器的上半部分。根据这些绚丽多彩的陶器，可以表明这一时期的文化为彩陶文化。

遗址大厅原本就是这座原始村落的一部分。人们来到这里之后，可以发现在遗址中有一条很深的大鸿沟，而这便是原始居民们所做的防御工事，用来保护村庄，抵抗外来部落的侵犯。除此之外，这里还可以看到公共的墓地、窑穴、陶窑等原始先民遗迹，全方位展示了原始先人们开拓史前文明的重要内容。

辅助陈列厅深受游客的喜爱，它共分为两个展室，以举办和史前学有关的专题性展览为主，极具知识趣味性。

关中民俗艺术博物院是由王勇超先生创办的吗

关中民俗艺术博物院位于秦岭终南山世界地质公园中心地带，是一座以民俗文化为主题的博物院。它是由全国人大代表、享受国务院特殊津贴专家王勇超先生所创立的，是国家4A级旅游景区。

关中民俗艺术博物院从建造开始，已经收集、抢救了大量的历代各类民俗遗物，如石雕、木雕、名人字画、明清古民居等，除此之外，还收集了大量的地方戏剧、礼仪俗规等各种非物质文化遗产。通过这些藏品的收集，充分反映了关中不同时期的民俗艺术风貌。

关中民俗艺术博物院

博物院的建筑为明清园林风格，设立了多个不同功能区，如民俗文化展示区、非物质文化遗产演示区、民俗文化研究中心以及规划建设古镇游览区等。在这些功能区中有民俗展览馆、文物库房、展厅、园林景观等，它们的建成填补了中国民俗文化保护、展览、研究的空白，在促进陕西文化旅游事业中发挥了巨大的作用。

关中民俗艺术博物院中藏有"地上兵马俑"吗

在关中民俗艺术博物院中藏有很多独特的石雕艺术品，如拴马桩、石人、石狮等，这些文物为博物院增添了很多别样的特色，其中被誉为"地上兵马俑"的拴马桩更是别具风采，吸引了无数参观者的眼球。

据说，拴马桩是博物院的创办者王勇超先生无意间发现的。1985年，王勇超先生在关中人家院落间发现了几个做工精致的拴马桩，令他十分感叹。可是，当时拴马桩经常会用来铺路、修厕所，就这样，在此环境下，王勇超先生开始收集拴马桩。多年来，他多次组织人手，在民间走村串巷，到处征收拴马桩，直到现在已经收集了8600多根。

这些精美的拴马桩，大多用青石雕刻而成。它们有多种不同的造型，其中人物形象大多以胡人为主。这些拴马桩丰富了我国民间的石雕艺术，也为中华民族的文化遗产添加了浓厚的一笔。如果把这些拴马桩聚集在一起的话，规模宏大，阵容非凡，令人惊叹！

秦陵地宫展览馆是根据司马迁的描述建造而成的吗

秦朝时期，厚葬之风盛行，而秦始皇作为秦国的最高领袖更是建造了秦始皇帝陵。秦始皇登基后便开始着手兴建陵园，动用了70多万人，花费38年才修建完成，可见它规模之大。秦陵地宫展览馆，位于"千古一帝"秦始皇陵西侧大约2公里处。这是一处人造景点，根据司马迁对秦陵地宫的描述而建，从另一方面向人们展示了秦始皇陵的壮观景象。

人们来到展览馆之后，可以发现在大厅中有一道展墙，上面为人们展示的便是秦始皇统一六国之后，在经济、文化方面所做出的重要贡献。在地面部分，人们可以看到复原之后的秦陵封土、城墙、城门等建筑物。而地下部分便是模拟之后所设计出的秦陵地宫。

秦陵地宫展览馆内景

秦陵地宫展览馆根据各种资料的查证，再加上现代旅游业的潮流，运用多种艺术手法，将秦始皇帝陵模拟出来，让人们得以一观秦始皇陵的风采。

扁鹊是针灸的发明者吗

在中华民族中医药发展的历史中，有一个人的医术精湛，从春秋时期就开始被人们所传颂，这个人便是扁鹊。扁鹊是针灸的发明者，据说，扁鹊经常带着自己的药箱，足迹遍布多个国家，如秦、燕、赵、齐等，凭着他手中的几根针石，解救了无数人的性命。

而以扁鹊之名命名的扁鹊纪念馆中便陈列了大量的有关中医学的医疗器械，如针灸铜人。还有七八处和扁鹊有关的景点，如扁鹊墓、扁鹊堂等。

扁鹊纪念馆

除此之外，还有很多从原始社会到现在所用的各种医药典籍和珍贵中药，其中历代的中医药典籍可以供人们免费阅读，在珍贵中药中，更是有着具有"千年太岁"之称的肉灵芝供人们欣赏，真是大饱眼福。

到了现在，针灸已经在全球范围内使用，而扁鹊作为针灸的祖师，为人类作出了巨大的贡献，也成为中医药学中最为宝贵的财富。

蔡文姬是在怎样的情况下作出《胡笳十八拍》的

蔡文姬纪念馆，位于西安市蓝田县蔡王村，建造于20世纪90年代。馆内有《蔡文姬生平展》《胡笳十八拍》《蓝田文物精品展》等展览，还有有关蔡文姬的文物130多件，其中不乏珍贵文物，属国家三级以上的珍贵文物就有50件。通过这些陈展的内容，详细地把蔡文姬的生平和东汉末年的风土人情展现出来，让人们得到充分的认识。那

么,您知道蔡文姬是在怎样的情况下作出《胡笳十八拍》的吗?

据说,蔡文姬在很小的时候就显现出了音乐的天赋。在她六岁的时候,有一天,她的父亲正在府上弹琴,忽然第一根弦竟被弹断,而年幼的蔡文姬竟然可以隔着墙听出所断的弦是哪一根。时间匆匆而过,蔡文姬十六岁了,嫁给了卫仲道。夫妻二人恩爱有加,生活过得有滋有味,可惜,不到一年的时间,卫仲道咳血而死。之后,蔡文姬回到了自己的娘家。天有不测风云,蔡文姬的父亲后来入狱,并且死在了狱中,而蔡文姬也被匈奴抢走,这时的她才23岁。到了匈奴之后,蔡文姬被左贤王封为王妃,在这里居住了12年,在此期间,她学会了当地的一些语言,还学会吹奏"胡笳",而这便为她做出《胡笳十八拍》奠定了基础。曹操曾是蔡文姬父亲的朋友,当他得知故人之女被困匈奴之后,立即派使者前往匈奴,用真金白银把蔡文姬换了回来,之后更是安排她嫁给了田校尉董祀。刚开始,两人的关系并不和谐。到了第二年的时候,董祀犯了过错,被曹操赐死,而蔡文姬不顾两人的嫌隙,冒死来曹操府上为他求情。曹操感念蔡文姬的父亲,之后就赦免了董祀。从这个时候开始,董祀感念妻子的恩德,他们才开始幸福和睦的生活。

《胡笳十八拍》是在蔡文姬从匈奴回到中原之后,参考胡人的声调,再结合自己过去悲惨的经历创作而成的,是一首由十八首歌曲组合的声乐套曲。刚刚嫁给董祀之后,由于感伤乱离,她还做出了中国诗史上第一手五言长篇叙事诗,名曰《悲愤诗》。

武则天是唐代女性的代表吗

在中国历史上唐代的女性是极具特色的,她们所受封建束缚相对较少,积极向上,乐观自信,还可以和男子一般出去游玩。而且,唐代女性和其他朝代的女性不同，她们敢于追求自己的婚姻和爱情。在政治方面，其他朝代是绝对不允许女子干政的，而在唐代，女子可以参政议政。武则天便是其中的代表。

武则天是历史上第一位女皇帝，也是唯一的一位女皇帝。她在年少的时候因为长相秀美被选入宫，受封为才人。入宫之后，因为各个方面都比较优秀，深受唐太

武则天画像

宗的喜爱，被调入御书房为唐太宗研墨。从此之后，武则天就接触到了政治上的事情，而她也显示出了惊人的政治天赋，之后更是登基称帝。

仕女馆的建造，以全方位的展现唐代女性的精神风貌为主要目的。望春阁是仕女馆的主体建筑，从三个方面体现了唐代女性的特点，分别是服饰、政治和爱情。有关服饰方面，唐代女性的服饰大多以丝绸为原料，制作出的衣服非常轻薄，并且很透，而唐代女性在穿这种服饰的时候是不穿内衣的，她们把开放的思想展现得淋漓尽致，从这一点就可以看出唐代女性和其他朝代女性的不同。关于美好的爱情，唐代女性是十分向往的，唐代时期所作的《牛郎织女》，就说明了这一点。据说，在七夕节的时候，唐代女性还会举行一个小竞赛，就是在相同的时间内，用七彩线去穿五孔针，谁穿得最多，谁就是比赛的胜利者。而胜利者就可以得到织女的祝福，得到自己想要的爱情。

西安博物院院标是以小雁塔为设计元素的吗

西安博物院，位于陕西省西安市南门外友谊西路，于2007年正式对

外开放。西安博物院拥有小雁塔、荐福寺等古建筑,秀丽的园林景观,再加上博物馆,这三种元素完美地结合在一起,形成了鲜明的特色。那么,您知道西安博物院的院标是怎样设计的吗?

小雁塔作为千年古塔,是一座极具历史底蕴的名胜古迹,而西安博物院院标的设计便是以小雁塔为设计元素设计的。小雁塔的侧面是仰视角度,给人一种大气的感觉,更是把西安悠久历史彰显出来,院标选取了小雁塔的这种特点,好像让人感受到大唐时的盛世雄风。除此之外,院标的设计还采取了现代化的图形表现手法,在古塔的基础上增添了现代的时尚元素,这也表明了西安博物院与时俱进的特点,将西安的文化传承下去。西安博物院院标的选色为灰色和橙黄相结合,从而显示出西安历史的悠久以及光阴的交替。

西安博物院是一座独特的博物院,在国内独树一帜,将千年古塔的厚重和历史博物馆的现代化有效地融合在一起,深受人们的喜爱。

西安博物院院标

西安博物院和陕西历史博物馆的主体建筑设计者是同一人吗

西安博物院中的博物馆是院中的主体建筑,它的设计把中国的传统文化元素充分地显现了出来,和博物院中的小雁塔等古建筑群体交相辉映。西安博物院的设计得到了人们的认可,在2004年的评选活动中,被评为西安未来的十大标志性建筑物之一。它的设计者同样也是陕西历史博物馆的建造设计者，中国工程院院士张锦秋女士。

博物馆藏品非常丰富，文物多达13万件，涵盖了西安从古至今的各个历史时期，其中有很多非常珍贵的文物，国家三级以上的文物便有14400多件。博物馆中的陈展文物，都是从这些藏品中挑选出的珍贵文物。博物馆陈列共分为三部分，分别是基本陈列、专题陈列以及临时陈列。

基本陈列以"古都西安"作为主题，在此基础上又划分了两个部分，分别是"千年古都"以及"帝都万象"。基本陈列陈展了大量的文物，通过这些珍贵文物的陈展，将这座作为13朝古都城市的发展历史充分展现在人们的面前。

专题陈列共分为四个部分，分别为"造像艺术专题陈列展厅""古代书画艺术陈列展厅""玉器陈列展厅"以及"印章陈列展厅"。通过这四个部分的陈展，让人们充分了解长安佛教、古代书画、玉器、印章在历史上所占据的重要地位。

临时陈列厅以"京畿遗珍"为题，陈展的文物不仅只是西安博物院中的藏品，还有从西安市所属的各区县收集过来的珍贵文物。

西安市民曾参与了大明宫国家遗址公园的建设吗

唐朝时的西安，即长安，拥有举世闻名的"三大内"，分别是太极宫、兴庆宫以及大明宫，其中大明宫的建筑群是最为辉煌壮丽的。在中国的园林建筑中，大明宫便是其中的杰出代表，更被称之为丝绸之路的东方圣殿。1961年，大明宫遗址被国务院列为重点文物保护单位。而大明宫遗址公园作为西安的"城市中央公园"，成为了西安最重要的人文象征，为进一步提升西安的城市特色做出了巨大贡献。

您知道吗？老西安的市民也曾参与了大明宫国家遗址公园的建设。当时，为了让普通的市民也参加到公园的建设中，在一次评审会中专门为市民设立了专门的旁听席，并且在会后收集了他们所提出的建议。而这也使得人们对大明宫遗址公园的建设有了一个清晰的认识。

大明宫遗址公园微缩景观

陕西自然博物馆是如何展现"日月同辉"的

陕西自然博物馆，位于西安市长安南路电视塔周围的舟形环岛上，以普及自然科学知识为主要内容，在提高人们自然基础知识的同时也丰富了人们的生活娱乐。博物馆共有两个独立建筑，分别为自然馆以及科技馆，而这两个展馆的建筑分别呈现的是玻璃球形和月牙形，就好像"太阳"和"月亮"一样，蕴含着"日月同辉"的意思。

博物馆分为五大主题，分别是生命科学、地质、古生物、生态以及科技。其中，生命科学是博物馆的重点。馆内拥有多个展厅，如地质万象、古生物长廊、昆虫王国、神奇秦岭、生命之光以及科技环廊等。在这些展厅中，人们可以看到大量的远古化石，还有一大批动植物标本，其

陕西自然博物馆全景

中不乏珍贵的动植物，如金雕、独叶草、红豆杉等。博物馆中还设有鸟语林、大型古生物展示台、鱼池景观，甚至还有仿真马门溪龙、霸王龙等。

博物馆将展示、收藏、研究三者集于一身，通过陈展实物、标本、模型，再加上各种展示手段，趣味性地为人们揭开自然的奥秘，力求通过寓教于乐、寓教于趣的形式，提高广大青少年和游客的自然科学知识水平。现在，博物馆已经成为西安市科学研究和科普教育的中心，也成为国内外热爱自然、关爱自然游客所青睐的著名游览地点。

临潼博物馆中藏有"释迦如来舍利宝帐"吗

自古以来，临潼都是我国著名的风景名胜区之一。在历史上，这里发生了很多著名的事件，如周幽王"烽火戏诸侯"、秦孝公"商鞅变法"以及著名的"西安事变"等。这里历史文物丰富，位于临潼区东侧的临潼博物馆便证明了这一点。

临潼博物馆位于临潼区东侧，藏有丰富的出土文物，共有1万余件，时间涵盖了从新石器时代到明清时期的各个朝代。在这些文物中有很多珍贵的物品，如西周的青铜器、金棺银尊等，除此之外，还有一件"如来佛祖舍利宝帐"，是非常珍贵的佛教文物，现在已经被列为国家级特级文物。

馆内设有多个陈列室，此外还有一个碑廊。其中，唐佛艺术室中陈列了戴昂的佛教文物珍品，"释迦如来舍利宝帐"便被收藏在这里。除此之外，还有10余件国宝级文物，这些珍贵文物都成为了博物馆的标志性文物。在秦唐艺术室中藏有被称之为世界八大奇迹之一的秦朝兵马俑，兵马俑的发现，对了解秦始皇帝陵提供了宝贵资料。除了这两个陈列室之外，还有一个周秦艺术室，顾名思义，在这个陈列室中的主要陈列为周秦时期的珍贵文物，有100余件。

西安秦砖汉瓦博物馆中的"秦砖汉瓦"是指什么

西安秦砖汉瓦博物馆位于西安市曲江新区汉杜陵遗址生态公园风景区内。顾名思义，馆内收藏了大量的秦砖汉瓦，那么，您知道"秦砖汉瓦"指的是什么吗？

秦砖汉瓦，并不是专指秦代的古砖汉代的瓦，而是为了说明秦汉时期建筑方面的辉煌和鼎盛，从而把这个时期的砖瓦命名为"秦砖汉瓦"。秦砖汉瓦在华夏文明中占有重要的地位，它上面所显示的精美文字、华丽的图案，都反映出秦汉时期华夏文明的博大精深，体现出了极高的艺术研究价值。不仅如此，秦砖汉瓦在考古、历史文化等方面的研究中也占有很重要的地位，是别的文物不能替代的。

西安秦砖汉瓦博物馆内藏瓦当

西安秦砖汉瓦博物馆是国内收藏"秦砖汉瓦"最为丰富的专题博物馆之一。馆内的秦砖汉瓦品种丰富，拥有2600多个版别的瓦当以及3000多块古砖，几乎涵盖了自西周开始到明清各个时代的"秦砖汉瓦"。博物馆共分为六大展区，陈展的内容以秦汉瓦当为主，而这些秦汉瓦当是从不同地区出土的，如陕西、山西、河北、山东等地。

西安秦砖汉瓦博物馆中藏有"四神瓦当"吗

"秦砖汉瓦"代表了中国古代辉煌的建筑史,其中古代瓦当一般可以分为三大类,分别是图像瓦当、图案瓦当以及文字瓦当。而西安秦砖汉瓦博物馆作为一家以"秦砖汉瓦"为主题的博物馆更是收藏齐全,其中,"四神瓦当"便被收藏于馆中。

四神分别指的是青龙、白虎、朱雀、玄武。这四神不仅仅存在于中国的神话故事当中,还被应用到了建筑中。在古代,四神分别代表的是东、南、西、北四个方位,所以也被称之为四方神兽。按照古代的说法,四神具有康乐安宁的神力,可以保护人们幸福安康,所以也就有了四神瓦当的出现。四神瓦当主要流行于战国时期、秦朝、汉朝。在历史上,有关四神瓦当有着很多种版本,但是大多制作细致,具有极高的艺术水准。在西安秦砖汉瓦博物馆中收藏了五整套四神瓦当,特点各不相同,但都极具价值。

汉朝时,除了四神瓦当,还有其他极为珍贵的瓦当,如大飞鸿、玉兔蟾蜍和益延寿,这三种瓦当分别代表的是太阳、月亮、延寿。这三种极具标志意义的瓦当代表的不仅仅是艺术上的价值,还体现了汉朝的精神和气质,有着极大的历史文化内涵。

西安碑林博物馆中藏有"昭陵六骏"吗

西安碑林博物馆,顾名思义,是一座以收藏历代碑刻、墓志以及石刻为主的博物馆。博物馆内藏有丰富的文物,多达11000余件,其中不乏珍品,连著名的"昭陵六骏"就有四骏藏于馆中。

西安碑林博物馆拥有多个展室，陈列共分为三大部分，分别是碑林、石刻艺术以及其他文物展览。其中第一展室陈列了多部石刻经书，如《周易》《诗经》《论语》《春秋左氏传》

昭陵六骏展示

等，据说是为了将这些经书永久保存，便将其内容刻在石碑之上。第二展室陈列的内容主要是以唐代为主的书法名碑，如《不空和尚碑》《断千字文》《大唐三藏圣教序碑》等。第三展室陈展的则是汉朝到宋朝时期的各种书法字体名碑，如《曹全碑》《怀素千字文》等。第四展室和第五展室陈展内容分别是宋朝到清朝期间的著名书法家的诗文书迹以及地方史料碑石。第六展室陈列的是元、明、清三个朝代名人的诗词歌赋，其中以清朝居多，更有清康熙皇帝所书的石碑，极为珍贵。

除了这些展室之外，还有石刻艺术室，里面陈列了70多种石刻艺术品，极具艺术价值。

寒窑遗址中留传着怎样的爱情故事

寒窑遗址公园位于西安曲江新区东南隅，与曲江遗址公园相邻，与大雁塔、大唐芙蓉园隔水相望。曲江寒窑遗址公园是以民间传说的王宝钏和薛平贵忠贞不渝的爱情故事为主线的西安著名旅游景点。它建于清末，里面建有王宝钏祠堂，在民国时曾得到杨虎城之母孙一莲的捐资而得以重修。新中国成立后，政府几次对其出资重建，重建后的公园凸显了爱情这一主题，并将此地打造成了人们定情结婚的纪念圣地，成为人们心中爱情的代表。

关于寒窑遗址公园，自然少不了感动世人的王宝钏苦守寒窑十八载的故事。

相传，在唐朝末年，宰相王允的第三个女儿善良、外向，且是个很有主意的人。眼看她到了结婚论嫁的年龄，但她并没有依循家里的主意给自己定亲，而是非要别出心裁地来个抛绣球招婚，家里人知道她的脾气，也只好依允。抛绣球择婿这天，王宝钏手拿绣球站于楼上，只见楼下人山人海，有来碰运气的，有来看热闹的，总之几乎全城出动，气氛好不热闹。王宝钏犹犹豫豫，最后将绣球抛向了穿着寒酸的薛平贵。父母得知女儿要嫁给一个穷酸的平民，很是气愤，说什么也不答应。但倔强的王宝钏不顾父母的反对，认为眼下的薛平贵虽然一无所有，但看他却气宇不凡，今后定能作出一番大事业。于是，她毅然与家里断绝关系，来到城南曲江池畔，嫁给了薛平贵。婚后不久，薛平贵即带兵西征，这一走就是18年。王宝钏独守寒窑，受尽磨难，但都坚持了下来。18年后，薛平贵载誉归来，来到寒窑和王宝钏相聚。从此，这段伟大的爱情故事便被人们广为传颂。

寒窑遗址除流传有感人至深的爱情故事外，还有诸多可供观赏的景点，如至今仍留下的王宝钏当年所住的条件艰苦的"菇苦洞"，人们为纪念她而修建的"贞烈殿"，以及王宝钏当年送别夫君的"别窑"，王宝钏的母亲因放不下受苦的女儿来看望女儿的"探窑"等，都是很值得人们观赏的地方。

寒窑遗址中的思夫亭和三姐泉因王宝钏得名吗

进入寒窑内游览，可以看到一座外形小巧的角亭，这里，相传是王宝钏经常登高远眺夫君的思夫亭。相传，自从王宝钏在寒窑送别薛平贵后，整整18年，她无时无刻不在想念自己的丈夫，她常常走出寒窑，坐在一块大石头上等夫归来。18年后薛平贵西征而归，为妻子的真情所打动，

寒窑遗址公园内"三姐泉"

便将王宝钏常坐的一块石头取名为冰心石。但冰心石后在战乱中丢失，新中国成立后，在重建寒窑遗址的过程中，人们就在原来放冰心石的地方建起了一座小亭来代替原先的冰心石，以让今天的人们常记起王宝钏的一片痴心。小亭仿佛在告诉世人，为心爱的人做出任何牺牲，都是值得的。

王宝钏一个人在寒窑苦守18年，平时的吃穿用行都是一个人解决，生活的艰辛可想而知。在离寒窑不远处，有一汪泉水，据说，王宝钏在寒窑的18年间，都是从这里取水来满足自己的生活所需，如洗衣、做饭、浇菜地等都是从这里取水，又因她在家排行老三，因此被称为三小姐，后来人们便把她常用的这口泉水取名"三姐泉"。三姐泉千百年来一直都泉水旺盛不枯，水质甘甜可口，曾造福过周围的无数人们。

老西安的传奇
地名、名人故居与帝王古墓

城市日新月异的发展让很多古老的地名都消失在历史的长河之中,西安近几年的发展也相当迅速,所以很多古老的地名都渐渐地消失了。但地名的消失,并不代表它们不曾存在,那么这些传奇地名都有哪些趣闻轶事呢?除了这些传奇地名外,西安曾经也出现过很多名人,而这些名人所居住的地方如今已经成为了西安的又一大旅游景点,通过游览这些名人故居,可以感受到当年他们在西安城里的生活情景。如果说故居是为了了解名人们在西安的生活事迹,那么那些古代帝王的陵墓以及名人古墓,则是向人们讲述西安悠久历史最有力的证据。

老西安的传奇地名

朱雀大街到底有多宽

朱雀大街位于西安市皇城朱雀门和郭城明德门之间。据史料载,唐时的朱雀大街宽150米,长5020米,绝非今日朱雀大街的"瘦弱"场景。唐时的朱雀大街被称为天街,是专供皇帝城南祭天所走的官道。站在今日的朱雀大街上,或许我们可以想象出它当时是何等的雄伟广阔:大街的一端,是皇家之气;另一端,则带领凡人探寻上天的旨意,神圣之感油然而生。

唐时的长安城由郭城、皇城和宫城三部分构成,郭城在外,

如今的朱雀大街

其次是皇城,最里面为宫城,且宫城南面的承天门、皇城南面的朱雀门和郭城南门的明德门,均坐落在长安城南北方向的中轴线上。据史料记载,当时三城之间所隔道路十分宽阔,宫城与皇城之间的东、西街有200米宽,从承天门经朱雀门再到明德门的中轴线宽约150米,据说当时有外藩的骑手在宽阔的朱雀大街上打马球。但好景不长,唐朝末年,出于防

御都城的需要，对长安城进行了一次改建，这次改建，只留下了皇城，封闭了朱雀门等已无用武之地的城门。明代朱元璋时，西安城重建，将中轴线东移，南大门（永宁门）取代了以前的朱雀门。从此，朱雀门便渐渐淡出了人们的视线。现在的朱雀门南面便是仍称得上宽阔的朱雀大街，在每天的"迎来送往"中，重温着它往日的繁华。

朱雀大街北面连着进入皇城的朱雀门，南面连着踏入郭城的明德门，是唯一可以进入长安内城的大道，每天随着承德门鼓声的响起，明德门便被守城军士徐徐打开，而此时守候在城外的百姓、各国使臣和商人，便会蜂拥而入明德门，经朱雀大街进入繁华都市的中心——长安内城。

现在的朱雀大街虽已被削减到了30多米的宽度，但从两旁高耸的国槐依然可以看出大唐的繁华痕迹。如今的朱雀大街两侧，已将历史的古韵和现代的时尚完美融合，如在朱雀大街的子午路附近，我们可以去观瞻隋唐时修建的大兴善寺，从大兴善寺往北不远，又可观赏到闻名于世的小雁塔，而在小雁塔的西南侧，一座现代化的雄伟建筑——西安博物院，高调显眼地伫立在朱雀大街的旁边，恰好和宽阔的朱雀大街相得益彰。夜幕下的朱雀大街，又是另一番景象：人们在此邀朋唤友，或共聚晚餐，或高歌一曲……真是一处玩乐休闲的好去处。

时尚加古典，是如今的人们给朱雀大街所贴的标签，如此，怕也离唐时的繁华不远了吧。

汉武帝走到下马陵时为何要下马

下马陵位于今西安市和平门和文昌门之间的顺城巷内，因关中方言中的下（xia）发音为"ha"，这样，"下马"用关中话念出来就成了

"蛤蟆",所以又被称为"蛤蟆"陵。

下马陵的主人是西汉时的学儒董仲舒。董仲舒出身于书香气浓重的富贵之家,他从小便聪明好学,利用家里藏书多的便利,通读了大批书籍。传说他读书非常用功,甚至达到了"三年不窥园中美景,一心只读圣贤书"的地步。如此经年,董仲舒成了当时远近闻名的学儒。他在30岁时开始招学生授课,据说他讲课的方式别具一格,在课堂上有一幅帷幔,将他与学生隔绝开,所以,有的人当了他很多年的学生,却还不知道老师长什么样。但他用如此方式教出的学生却也都非等闲之辈,他们中的很多人当了官,甚至有的官至宰相。

下马陵

汉武帝当政时,广招天下贤良之士,以采集治国之良策。董仲舒由于学问博大精深,深得人敬仰,故被推举为良士引荐到汉武帝跟前。汉武帝先后对董仲舒进行了三次"策问"。这三次"策问"的内容都是关于天人感应的问题,故又被后人称为"天人三问"。针对汉武帝的三问,董仲舒提出了一套很明确的治理国家之策,即"君权神授;罢黜百家,独尊儒术"。他通过详细阐述天人的关系,提出君王的权力乃上天所授,君王是代表上天来治理人间、管理万民的,如果人们反抗,便是对天不敬,便是违反了上天的旨意。他的这套学说对古代的封建统治者来说,很是受用,因此他受到了汉武帝的青睐。再加之董仲舒对孔子的"大一统"思想非常推崇,认为治理国家最重要的就是要让国家在各方面达到统一,后来汉武帝便采纳了他的政治思想,废除百家学说,将儒学作为国家的正统思想。

董仲舒死后,鉴于他为国家所作的贡献,汉武帝不仅亲自为他选择墓葬地址，而且还在墓前修建了董子祠。出于对董仲舒的尊重，汉武帝每次经过他的墓时，在100米之外，便离鞍下马，步行而过。天子如此，臣民在经过时，便不管是骑马的还是乘轿的，都会下来步行，久而久之，步行过下马陵就成了一条不成文的规定。

下马陵承载了古代人们太多的尊宠，那么有关下马陵的神奇传说也不在少数。熟悉西安城墙建筑史的人们都知道，以前西安的南大街比其他三条大街都要短得多，相传这和下马陵有关。

相传，明朝初定时，全国曾大兴修筑城墙之风，而身在西安的秦王朱樉由于厌恶儒学，所以在规划西安城墙时便有意要把下马陵置于城外，为此不惜付出缩短南城墙的代价。谁知修筑城墙的匠人们经十多年工夫，三次缩短重建（最后一次，气急败坏的朱樉甚至下令在新建城墙和下马陵间挖了一条蓄满水的护城河，以表将下马陵不置于城外不罢休的"决心"）南城墙，都没能将下马陵置于城外，每次重建时明明已将其归置城外，但无比诡异的是，每次城墙修建完毕，待到朱樉前来观看时，下马陵必"如约"在城内与他相见，难道是下马陵长了脚，自己跑到了城内不成？朱樉见此情景，又惊又气，可能是上天在惩罚他，不久便暴病身亡。

安居巷是曾经的"银行"所在地吗

安居巷地处西安闹市，北临东木头市，与骡马市场隔街相望，南和书院门、三学街相交，南北长四百米，地理位置的优越性，让这里成了有居民居住的商业区。短短几百米的安居巷内，小到小饭馆、便利店、蔬菜水果店、五金店、理发店、浴室等生活配套设施，大到水泥材料店、汽车租赁等一应俱全，甚至还有一家政府单位——柏树木派出所也在其中。在安居巷的北口，还有一处宽阔的人行道，其中摆满了卖衣服的、卖肉食的等各种摊点。

安居巷

如今这个充满了生活气息的小巷子，有谁能想到在明朝时，曾是朝廷铸造钱币之所呢？在明朝时，因专管国家铸币的宝泉局设于此，因此又被称为钱局巷。后来，宝泉局迁至他处，所以这里就改为了安居巷，寓意居住在此的人们永远安乐。明朝建立后，明太祖朱元璋下令在各省设宝泉局，各省所造钱币均要在背面标上各省名称，西安市安居巷内的宝泉局便设于此时，后宝泉局迁到了现在的曹家巷附近，而钱局巷的名称也已名不副实，后人便将钱局巷雅化成了安居巷。

当年的宝泉局虽早已不在，但今人却有幸一睹从这里产出的物件。据史学家考证，位于碑林博物馆门外的那一对铜狮子就是宝泉局所铸。这一对铜狮子制作精美，全身布满铜币图案，狮身上还铸有"大明嘉靖三十八年十月吉日秦府内典"字样。据说，这对铜狮子是专为明秦王朱樉的府第所造，铸成后便一直在秦王府看家护院，到清雍正年间，位于西大街的城隍庙失火，年羹尧便命人从秦王府拆来建筑材料重建城隍庙，铜狮子即是从那时被移至城隍庙的。新中国成立后，出于对铜狮子历史价值的考虑，有关人员将它们移至碑林博物馆保护了起来。

20世纪50年代至80年代的安居巷内没有宽敞干净的柏油马路，每逢下雨天这里便泥泞不堪。屈居在这里的一家小小的煤店或许会带给人们一些温暖的生活回忆。那每天为买到煤而排起的长长队伍，那满载蜂窝煤的吱呀作响的自制平板车……那个时期独特的生活场景，或许已被很多当年居住在这里的人们小心珍藏。

东仓门是一座城门吗

东仓门是西安市南北走向的一条街道，它北至东县门，南至下马陵街，因紧靠敬禄仓，故被称为东仓门。据史料载，敬禄仓在清朝时是专门给官员供应俸禄（钱、粮、油、布）的地方。如今的东仓一带居民区云集，众多小巷交错其中，昔日的敬禄仓已难寻痕迹。

在唐朝时，东仓一带属崇仁坊，在唐中后期，由于其所在的位置刚好是交通要道，故逐渐成为商业区。直到公元904年，长安城改建，将东仓一带弃于城外，才又呈萧条之势。在明朝时，朝廷下令扩建西安城城墙，东仓一带又被重新纳入城墙内，并开始形成南北走向的大街，此时也无史料显示它与粮仓有关。后根据清光绪十九年所制的《西安府图》上所印的清晰的"敬禄仓"三个字，史学家

东仓门街道

推测，这里有粮仓很可能是形成于清朝的初中期。另据《明清西安词典》记载，清初西安府的正仓，位于陕西布政司东南。何谓正仓呢？根据相关史学家的解释，正仓主要是从四个方面来衡量的：一是规模大，二是设在城市的中心地带，三是收纳的是当地所征地税，四是支出的是官员的俸禄和军饷。上面所述四条，当时的敬禄仓皆符合，所以它被作为当时西安的正仓。

当时的敬禄仓虽然风光,不可一世,但在新中国成立后1957年的地图上,便再难找寻它的踪迹。而东仓门这个名字却因这里曾经的粮仓而被永久地留存了下来,只是现今的人们能说出它名称及来历的寥寥无几。

东仓门地方虽小,但曾与历史上的重要事件有过牵连。东仓门附近有个军械库,在清末时叫军装局,是当时朝廷军队存放武器的仓库。1911年10月22日,西安新军发动起义时,便首当其冲地将这个武器重地当成了攻击目标,由此在那里打响了陕西辛亥革命的第一枪,全国辛亥革命的第二枪。

景龙池与李隆基有何渊源

景龙池位于东关北部,北起长乐坊,南至索罗巷。

现在的景龙池同其他街巷比起来,似无二致,但在唐时,它却名副其实,是一片广阔的水域。在唐武则天时,此地有一口会往外溢水的深井,若遇上下雨天,井水就会从井里溢出,在隆庆坊一带形成大片水域。因为此井地处隆庆坊,所以人们就把这片水域称为隆庆池,又因池水从井中溢出,所以又被叫做井龙池。

公元701年,李旦的五个儿子被赐居于隆庆坊一带,此间不断有人传说,在附近的井龙池内看到有黄龙出没。后来,李旦的第三个儿子李隆基登上皇位,人们便将当年井龙池中有龙出没的传说顺理成章地映射在了李隆基身上,说黄龙出没是预示着居于此的临淄王李隆基将来会当皇帝。公元712年,李隆基登上帝位,为避玄宗名号,原来的隆庆坊便被更名为兴庆坊。公元714年,李隆基开始在此地建造兴庆宫。从相关的史料中可以得知,现在的景龙池刚好在唐时的兴庆宫内,是兴庆宫中主要的游乐之所。

关于景龙池的叫法，有两种说法，一说是由"井龙池"同音字雅化而来，二说是由唐中宗时的年号"景龙"而来。如今的景龙池，虽已找不到半点和水有关的痕迹，但是景龙池这个名字却留传了下来，无时无刻不在提醒人们：它在唐时与皇家有着千丝万缕的联系。

五味十字街这个名字是因何而来的

五味十字街是西安市的一条东西走向的著名老街道。它东起南院门、南广济街路口，西至五星街、四府街路口。

根据可供查证的史料记载，在元代时，《长安图志》的《奉元城图》所绘地图中，在今天南广济这一带标注有"药市街"字样，由此可知，在元代，甚至元代之前，这一带是贩卖药材的地方。后居于此的人们可能觉得"药"字不吉利，有学问的人或深知《周礼·天官·疾医》所记载的："以五味、五谷、五药养其病。"其中的五味即指药性的"甘、辛、酸、苦、咸"，所以就形象地将此地改名为"五味十字街"。这样可谓一举两得，一来避讳了人们认为不吉利的"药"字，二来依然可以让人们看名知意。

但在民间还有一种说法，认为五味十字街以前不过是卖调料的地方。之所以这么认为，可能是平民百姓看到五味，想起了做饭时炒菜要放的五种佐料，便直观地认为是卖调料的地方，这也只是人们的讹传罢了。

五味十字确为卖药材之地无疑，在明清时直至民国初年，这里都是药材商云集、药铺林立之地。据《碑林文史资料》载，这里早年间曾开设有藻露堂、复元成、树仁堂、万年堂等多家中药店。其中最有名且持续时间最长的，就要属藻露堂了。藻露堂开设于明朝晚期，相比清初开设的同仁堂早了将近50年。营业中的藻露堂以药材选料讲究、制作精细、疗效显著而著称，口碑享誉大西北，甚至还曾被写入当地人无比喜爱的秦腔唱词里。

书院门到底是一座城门还是一条街道

书院门指的是从碑林到关中书院门口的一条步行街。

一条专卖古玩字画、文房四宝的古文化街，为何被叫作"门"呢？

书院门步行街

这由曾经建在这里的关中书院而得名。据说，关中书院为明朝时的进士冯从吾所建。

冯从吾，字仲好，号少墟，长安人。明万历年进士，后官至御史，他为人耿直，因在仁圣皇太后生日之际，上疏明神宗（因所上疏奏章矛头直指明神宗，骂其"沉溺酒色、荒于朝政"，惹神宗大怒），遂被革职归家。归家后的冯从吾并未从此消沉，而是一面潜心研究易理，一面开堂授课。后因听课的人太多，他就在离原授课地址不远的地方建立了一所书院，就是后来的关中书院。关中书院是明、清两代陕西省的最高学府，也是全国四大书院之一，西北四大书院之首。自明代关中书院建成后，这里便被作为考生考试之所，于是关中书院所在的这一整条街便也因学子们的光临而变得繁华热闹起来。关中书院建成后，前来听冯从吾讲课的人增多，他便以此作为阵地，和当时朝廷中有名的宦官魏忠贤进行斗争，是东林党在西北地区的首领。不久因东林党被魏忠贤所灭，远在西安的关中书院自然也在劫难逃，熹宗下令拆毁关中书院，冯从吾亦被累及。直到清康熙三年，关中书院才得以重新建立。清光绪年间，关中书院被改建为陕西省师范大学堂，民国时又被改为省立师范学校。解放前后的几十年，曾一度变得破败不堪，与附近的碑林博物馆极不相称，直到20世纪90年代后，这里才被依样重建。重建后的书院门古文化街街口立有一块古韵十足的高大牌楼，牌楼上书"书院门"三个烫金大字，两旁是一副醒目的对联："碑林藏国宝，书院育人杰"。一副对联，瞬间将人们带至书香气甚浓的文化世界：文房四宝、名人字画、古玩玉器，在这里应有尽有。

漫步在铺着青石砖的书院街上，看着两旁优雅沉静的仿古建筑，闻着四处飘逸的墨香，使人仿佛来到了古时那个有着万人听课阵容的关中书院。

三学街中的"三学"指的是什么

三学街地处文昌门内西南，明时因西安府学、咸宁县学和长安县学设于此，故称为"三学街"。

三学街的历史演化漫长而曲折多变。隋朝时是中央统治者高度集权的时期，这时的"三学街"主要分布在皇帝和官员所居住之所，如太庙和王作坊、大府寺等皆分布于内。

在唐时，这一区域略发生了变化，如原来的王作坊改为

如今的三学街

了太庙，而原来的太庙所在地则改为了文献皇后庙，大府寺则成了左藏外库院。唐朝灭亡后，中国进入了藩镇割据时期，战乱不断。此时的长安被作为新城而存在，当时并不被重视的三学街则被包含在了新城的东南角，不管历史怎样变迁，作为历史文化街区的三学街依然顽强地存在着。

在北宋时期，由于西安已不再像作为都城那样受到重视，它的建筑格局也悄然发生着变化，昔日象征皇权的宫城建筑布局逐渐被打乱，另外，由于连年战事，宋朝建立后，幸存的人们渐渐有了信仰宗教之心，希望可以通过信仰来远离战乱，过上平静的生活，所以此时的三学街建筑格局之中便出现了太白显圣侯庙、龙泉寺和善感禅院这样的宗教建筑。宋朝时，还出现了府学，于是，原唐时三学街上的太学便改为了京兆府学。

元朝，是一个思想活跃、各民族文化相融合的时期。忽必烈统一中国后，很快接纳了中原文化，而少数民族文化和汉族文化的融合，也使得此时三学街的建筑格局和文化功能变得复杂，这里不仅留有宋时所建的寺院，还建有贡院、太白庙、提举司、府学、采芹堂、宜圣庙和三皇庙等。

明清时期，封建社会的文化融合又进了一步，这期间的三学街，远离了战乱，慢慢形成了自己的格局（现在三学街内的街巷名称基本为那时所形成）。至清末时，三学也已随着科举制度的废除而再无用武之地，此时其内居住的多为寻常百姓。民国时期，政府在三学街建起了第一师范，并设有师范附小。

现在，随着经济的发展，三学街的街景也发生了巨大变化，商业和旅游业在此快速发展，其内除了有碑林博物馆和西安城墙、关中书院和高培支故居文物保护单位外，各种与文化有关的店铺也云集于此。

案板街是一条买卖案板的街道吗

案板街南起东大街，北至西一路，与著名的骡马市隔东大街相望。

位于西安市繁华中心区的案板街，有着不凡而悠久的历史，在唐代这里曾是中央机关所在地。元代时，这里被称为南巷，它同样被当时的统治者所看重，在其上建台盖院，同样为政府机构。到了明代，这里又成了朱元璋次子朱樉及其子孙们居住的地方。在案板街的北边，便是秦王朱樉的王府，而其三子朱尚煜的保安王府就建在了现在案板街的位置上。据相关资料显示，案板街真正和案板有联系，是从清朝初年开始的。明末清初，现在的案板街一带被改为了满人居民区，于是，和平日人们生活相配套的商品经济便在此悄然萌芽，这里也应运而生了专卖案板的街巷，时间久了，人们便给这条街巷取了一个名副其实的名字——案板街。

有关清朝时案板街上案板交易的热闹繁华场景今人无缘得见，它也没有留下可供查询的蛛丝马迹。但居住于此的老人们所讲的有关解放前案板街买卖案板的情景，为我们提供了想象清时案板街繁华景象的空间。据居住于此的老人们说，解放前，案板街仍以卖案板为主，一些附近的农民常用小推车把案板等木质生活用品推到这里来卖。那时，案板街的街道比较空旷，路的两边是一些人家的院落，还有一些供做小买卖的外地人临时居住所搭的棚子。通常，这些做小生意的人一大早就赶来贩卖商品，到了晚上集市散了就回去，有时带的案板卖不完，就在临时所搭的简易棚子里休息一晚（那时候的案板街是一个自由市场，并无时间限制），第二天接着卖，如此赚些辛苦钱维持生计。

20世纪初的案板街，不仅商业气息浓厚，文化气息也弥漫了整条街。在此落户最早的文化单位恐怕非西安易俗社莫属了，它在此已有百年历史。它的建立为案板街带来了艺术文化的神韵，从彼时的易俗社剧场到现在的易俗大剧院，都曾留下无数秦腔大家、戏剧名流的身影。继西安易俗社之后，钟楼电影院、陕西美术馆也相继在此建立，这使得案板街的文化气息变得更加浓郁。

如今的案板街，因处于黄金地段，依旧延续着它当年的繁华，也因为文化气息的存在，使得它的商业价值被低调地凸显着。

甜水井街上真有一口甜井吗

甜水井街位于含光门里，在唐时属于含光门大街的一部分。

在唐时，甜水井街是外国人集中之地，街道两侧设有鸿胪寺和鸿胪客馆（即现在的"外交部"和"国宾馆"）。到宋朝哲宗时，含光门关闭，甜水井街便不再发挥它的作用。

在清末民初时，因为有了甜水井一说，这里也便成了许多名人和官员的宅邸所在地，如因得罪洋人而被慈禧太后赐死的晚清重臣赵舒翘、曾参加辛亥革命的国民党军官岳西峰、民国时的陕西省长李根源等一干名人都曾在此居住。

尽管甜水井街名称被人们叫得响当当，历史上也出了很多名人，但据考证，这一带实际上并没有什么甜水井。关于甜水井街名称的来历，有两种说法。

一说甜水井街是由清时位于含光门东侧的一口甜水井而得名。当时甜水井旁还建有一座名为"无量庙"的小庙，庙门口设有专供人休闲的茶水铺，茶水自然是从甜水井中汲取，故又被人称为"甜水"铺。解放后，西安市用上了自来水，昔日带给人们无限福气的甜水井便被废弃了。到了1959年，在甜水井的南端开辟新城门之时，这口甜水井被填平。从此，西安人便再无喝甜井水的历史，但用甜水井命名的街道却还在，名称也一直沿用至今。

对于上面的有关甜水井名称来历之说，一些久居西安的老人却持有不同的看法。据一位80多岁高龄的老人回忆，她儿时就居住于此，但印象中这里却不曾有什么甜水井。当时的西安人一说起甜水井，通常指的都是西门瓮城的大井，甜水井街上却并不存在这么一口井，只是居住在这一带的人家里，每户从水井里打出的水都是甜的。要知道，在当时的西安城，由于地下水质不好，所以大多数地方所打出的水都是又苦又咸的，而甜水井街一带的井水却甘甜可口。其实这"甘甜"的井水，也就是无色无味、没有杂质的水，只是相比于西安其他地方的又苦又涩的水，这里的水便成了"甜水"了。

上述两种说法虽都无确切的史料可查，我们亦无法判断它的正确性，但是有一点是可以确定的，那就是这条街上地下水的水质特别好。

韩信真的被埋葬在灞桥附近吗

在灞桥区新筑街道新农村，有一座墓被这里的人们世代守护着。相传这是汉时著名军事家，人称"汉初三杰"之一的大将军韩信的墓葬。

历史上的韩信是个具有卓越军事才能的奇才，他助刘邦平定魏国，背水一战击败代、越，之后，又北上降服燕国。汉四年，韩信攻下齐国，汉五年十月，韩信奉刘邦之命，围歼楚军于垓下，大败项羽并迫其自刎。韩信为汉王朝的建立立下了不朽的功勋，被萧何誉为"国士无双"，刘邦评价其曰："战必胜，攻必取，吾不如韩信。"，他被后人视为"兵仙战神"。

汉朝建立后，刘邦惧其才能，恐其日后谋权篡位，遂处处提防于他。韩信非平常人，他早已看出刘邦对他有所忌惮，从此便常常称病不去上朝或随君出行。据说，刘邦当皇帝后，曾无

灞桥

意间和韩信谈起朝中各将军的才能。刘邦问韩信："如我这般才能能指挥多少兵马？"韩信答："以您的才能可以率领十万大军。""那么你呢？"刘邦紧问，"我能统率的军队是越多越好。"韩信如是回答。刘邦反问："既如此看，你才能在我之上，然为何又听命于我呢？"韩信答："皇上您虽不适合率军打仗，但您却有统率将领的才能，所以我才听命于您。"韩信回答如此之巧妙，足可见其智能的高超。

后韩信因钟离昧事件而被贬为淮阴侯，但刘邦并未就此善罢甘休，或许是他太惧怕韩信的军事才能了，认为这样的人早晚都会谋反，终日视韩信为眼中钉，欲除之而后快。

汉十年，陈豨起兵谋反，韩信欲作其内应，情况被刘邦和吕后得知后，刘邦亲自率兵去逐陈豨，吕后则命萧何施计将韩信骗进宫中，杀于长乐宫的钟室内。传说吕后杀韩信时用的手法极其残忍，将屋子的窗户用纱布围住，从外射入竹片将其浑身扎透而死。

可叹一代军事奇才韩信最后却落个不得善终的悲惨结局，而导致他被害的直接原因就是被曾经最赏识他的人萧何所骗，这也正是人们常说的"成也萧何，败也萧何"这句话的来历。

为汉王朝立下汗马功劳的韩信最后被汉王朝以这样的方式所害，或许是出于对他才能的看重，或许是为他鸣冤，在他死后，人们编出

了种种传说来告慰这位蒙冤而死的将军。有一个传说和他复仇有关。相传，韩信死后，吕后命人将其头颅割下，谁知，韩信在头颅离体后，竟化为一团火焰，欲去找吕后寻仇。韩信的头颅在宫内找寻不到吕后，恼怒之下，便出宫向东朝吕后的行宫（相传吕后的行宫在今灞桥区吕家堡）滚去。当火团来至灞河，迫使河水断流，在越过灞河后，仍不见吕后行宫，火团便将附近的十三个村子点燃，熊熊大火眼看就要将这一带烧为灰烬，这时一位白胡子老人出现在了韩信的头颅面前，告诉他吕后的行宫还很遥远，不要这样伤及无辜。韩信听后将火焰熄灭，头颅重现原形，老人施法将大火熄灭，使人间避免了一场即将来临的灾难。老人就地指穴埋葬了头颅，待要离去时，发现起初的小坟头一会就变成了一座巨大的陵墓，这便是后人所认为的韩信的墓冢。

粉巷的名称有何来历

粉巷位于西安市碑林区，它东连南大街，西连南院门街，是连接南广济街和南大街的干道。

关于粉巷名称的来历，说法有很多，这或许和它多少带了些香艳的脂粉气有关。

一种说法是粉巷在以前是专卖面粉的一条街，当时街上和地面上到处都是飘落的面粉，粉巷由此得名。

粉巷

另一种说法是粉巷以前是卖胭脂的，每日胭脂的香味从这里飘荡而出，久久不绝，故得名粉巷。还有一种说法是明末清初时，这条街上曾住过几位色艺俱佳的歌伎，她们凭借着出色的容貌和高超的技艺而获得了当时很多达官贵人和年轻公子的喜爱，故得名粉巷。而最后一种说法则是粉巷在古代是皇上选妃的地方。作为国都的西安城，每年选妃时间来临，这里都会云集全国各地的绝色美女，供皇上择日挑选。这些美女因为是准备给皇上做"老婆"，所以自然都会精心打扮一番，引得周围的人们大老远的都能闻到她们身上飘出的脂粉香味，年年如此，久而久之这里便得名粉巷了。

骆驼巷名称的由来与骆驼有关系吗

骆驼巷位于西安市莲湖区，西门内西大街以南，北起西大街，南到菜坑岸，新中国成立后曾改名为反帝巷，后又改回原名。

古时的西安，几乎家家都会饲养牛、马、羊这样的牲畜，且数量庞大，因生活所需，在市里就会形成专门买卖这些牲畜的市场。但从地理位置来说，西安地处关中腹地，并不适宜骆驼的生长，那么西安又为什么会有一条以骆驼这种动物的名称来命名的街道呢？

关于骆驼巷名称的来历，当地一直流传着两种说法。

一种说法为古时的骆驼巷，从地图上看就像一只站立的骆驼：骆驼巷的南半段就像是骆驼的头和脖子，中段东西向的拐弯处就是骆驼的背，骆驼巷的北段连接西大街的部分则是骆驼的腿，一段向西而去的死胡同则恰好是骆驼的尾巴，所以此处被称为骆驼巷。

对于上面的说法，并不能得到有关专家的认同。因为骆驼巷以前又被称为骆驼店，在古时是西安城客栈聚集的地方，很多从西部来的骆驼商队都在这里歇脚，巷子里常有商人的骆驼停留，故被称为骆驼巷。

在交通工具不很发达的古代，在西北干旱地区，骆驼便成了人们运输货物的首选。因为骆驼不仅适应干旱地区的气候，而且其载重量也很大，很适合在沙漠、戈壁、山地等地面行走。

据说，解放前从陕北往榆林、西安等地运盐，最主要就是依靠骆驼；商人从定边向南下关中时运盐、皮毛等，北上时则把关中的棉布、药材等运回去，所用的交通工具都是骆驼。

而当时的骆驼巷，一边紧邻西安城的西门安定门，一边又靠近西安的商业区西大街，是西安连接西北地区官马大道的起点和终点。从西部来的商队，进长安城必会经过安定门；而从西安城去西北，又必从安定门出，加之其靠近西大街商业区，因此骆驼巷就成为客栈云集之地，而骆驼也就成了这里的"常客"，时间长了，这里就被人们叫作"骆驼巷"了。

东厅门因何而得名

东厅门是西安市的街道名，它西起东木头市，东至东县门。明朝时，东厅门的西段设有兵马指挥司，清初时，因其东面为咸宁县所在地，故被称为东县，加之当时分管清军事务的清军厅又移至此处，且咸宁县初级审判、检察两厅均设于此，故得名东厅门。

现在的东厅门，在一定程度上保留了它古街道的样貌，这里有古老而陈旧的民居，看似摇摇欲坠的木质楼梯，有长在屋子里的老树……勾勒出东厅门从前的

东厅门街道

样貌。

东厅门在古代很长的一段时间,都以一半在城里,一半在城外而尴尬地存在着。唐时,现在的开通巷南北一线作为长安皇城的东城墙,将开通巷以西的东厅门部分划在了皇城之内,而将开通巷以东的东厅门部分"抛"在了城外。据史料载,位于皇城内的东厅门部分为左藏外库院所在地,主要负责接收储藏各地转输给中央的财物;位于郭城的东厅门部分则是百姓居住区。直到明朝时,朱元璋下令在全国扩建城墙,原来位于开通巷一线的东城墙才得以向东移至今天西安东城墙所在地,原来被"遗弃"在外的东厅门部分也才正式"投入"西安城的怀抱。东西段连接起来的东厅门,在时间的推移中,也逐渐形成了如今东厅门街道的模样。

饮马池与汉高祖刘邦有何渊源

位于汉中东南隅的饮马池,相传刘邦驻军汉中时,曾在池内饮马,现饮马池旁边仍刻有"神龙能作苍生雨,饮马长怀赤帝风"的对联,故又被称作刘邦饮马池。

饮马池又名东湖。古时的饮马池风景优美,两岸柳枝低垂,亭台楼阁倒映池中,池水随风荡漾,被誉为"关中八景之一"。"汉阳萧寺塔,飞影入东湖"这句描写饮马池景色秀美奇特的诗句,历来在被人们赞赏的同时,也带给人们诸多疑惑,古时人们

饮马池

不相信真有如诗中所描述的"东塔斜影"之景的存在,但现在,经过人

们科学的计算和推理得出，古时这种景色的出现是完全可能存在的，首先，汉中东关净明寺的东塔（净明寺塔）距当时的饮马池约500米，而塔高20米，每当阳光斜射入池内，便在池中形成了入射角；其次，池中塔影的线束又向相反方向形成"反射角"，如此，人们的视线若停留在由池中塔影线束所构成的反射角上，便能看到塔影。

柏树林因何得名的

柏树林位于西安市文昌门内，北接端履门，南面西侧是碑林。明英宗时，时任西安知府的孙仁益下令扩建此街，完工后命人在街道的两面广植柏树以美化市容，长成后的柏树高耸入云，枝繁叶茂，街道由此被命名为柏树林。

树林街道所辖社区众多，碑林博物馆即在其内。碑林南侧的城墙上建有魁星楼。碑林所在地的三学街，从宋代直至清代，都是朝廷所设府学和县学所在地。另开通西巷中有隋时所建卧龙寺，在唐时更名为观音寺，宋朝时宋太宗赵光义又将其改名为卧龙寺，该寺现为西安市最大的佛教寺院。

在柏树林街道所属的可圈可点的古建筑中，魁星楼是不可忽略的一个。西安的魁星楼建于明万历年间，地址在西安城墙南门城楼东侧。魁星指道教中的人物钟馗，传说他为天上主管人们科考命运的文曲星，古代的科考是人们"脱贫致富"的唯一手段，所以每临考试时，人们必把拜文曲星视为一项重要的活动。"拜请钟馗，中榜得魁！钟馗真神显，送咱福禄寿禧安！"的话语在当时广为流传，所以在封建社会，全国各地普建魁星楼。即便现在，还可经常见到考生三五成群，或和父母一道去寺院参拜文曲星的情景。

桥梓口是不是一座桥

桥梓口，在西安是一个很有名的地名。不过，它虽然以"桥"为名，却找不到桥的痕迹，那么，这里究竟有没有一座桥呢？

隋唐时期，桥梓口是长安皇城内含光门街的一段路。葛慧说："隋唐时，含光门街是皇城西部的南北大街，因通过隋唐皇城墙含光门，而得名含光门街。现在的甜水井、桥梓口、大麦市街和洒金桥，均在光门街的范畴内。从今天的甜水井街向北至桥梓口、大麦市街、洒金桥，住满了外国使节及其家属，唐以后他们大都成了当地居民。元代含光门已封闭，那时仍称此街为含光街。"

西安桥梓口

桥梓口以桥命名的说法有两种。其一是明清时期，这里有一道通济渠，架了一座桥，所以以桥为名。其二是说在明末时候，朝廷把钟楼从北广济街口移建到现在的位置。那时没有重工机械，钟楼比较高，一些重型的建材无法搬运上去，于是就修建了一个土坡，在土坡的最高那一端，连着钟楼的最高处。由于建材都是从西门运进来的，所以就沿西大街修建了土坡，土坡的最低点，就在桥梓口。坡似桥，所以这里被称作桥梓口。

洒金桥上真的下过一场"金雨"吗

洒金桥并不是桥，而是一条长不到800米的很不起眼的小街。历史上洒金桥几易其名，先后有大桥街、铁炉坊、前卫路、老关庙等名称，不过流传最广的还是洒金桥。

著名秦腔演员孙存蝶在《拾黄金》里演过一个叫花子拾到黄金的故事。宋朝的时候在洒金桥住着李姓三兄弟，一天他们推着独轮车运木头回家，从洒金桥过的时候，桥上有块大石头挡住了

洒金桥夜景

去路。大哥一脚踹过去，石头没有动，于是三兄弟就合力把石头挪开，谁知石头晃了一下，竟一路滚到了他们家门口。第二天天一亮，三兄弟到门口去看那块石头，谁知这石头竟在阳光下闪闪发光，仔细一瞧竟然是一大块金子！从此三兄弟家门口的这条路便被叫作洒金桥了。

其实真正的原因是唐玄宗在这里洒过金子。据《唐书·玄宗本纪》所载，开元年间，日本、东罗马帝国等国的使节前来朝贺，带了一些金币作为礼品。加上朝廷自己铸造的"开元通宝"金币，皇宫里就堆了很多金币。一天唐玄宗突发奇想，这些金币放在宫里闲着也是闲着，不如分给众臣。于是就在广运门的宫城上大宴皇室贵族，又叫文武百官在城楼下的桥上站着。唐玄宗为什么要这么做呢？不一会儿，只见成片的金币从城门上泼洒下来，落在桥上。起初大家还不敢轻易去捡，在明白了这是皇帝的犒赏之后，桥上的文武百官顿时不顾身份地抢作一团，此后这座桥就被称为洒金桥了。

明代的端礼门为何成了清代的"端履门"

端履门位于西安市东大街中段南侧。端履门并不是一座门，而是一条街的名称，其全称为端履门街，因为老西安人习惯上将地名中的"街"字省去，所以就成了今天广为流传的端履门了。

端履门街为何会用"端履"这么奇怪的字眼呢?这令初到西安的人听后都感到疑惑,"履",难道它和鞋子有关系吗?

确实如此。相传,在明朝时,明秦王府建在西安城内,每天官员们在参拜秦王时,必先经过一个牌楼,在牌楼前,官员们都在此整理服饰、鞋帽后,方才进去拜见秦王,久而久之,人们便给这个牌楼取了一个很形象的名字"端履门"。

这只是民间的传说。实际上,据史料载,"端履门"初建成后的名字叫作"端礼门",是朱元璋亲自规定的名字。原来,在明朝,皇帝对各亲王所住府第及城门的命名都有严格的规定。其中,对各亲王所辖城门的规定为:东门以"体仁"命名,西门以"遵义"命名,南门以"端礼"命名,北门以"广智"命名,分别体现了儒家的"仁、义、礼、智"的中心思想,意在规诫各藩王要时刻想起远在国都的皇帝和所担负的保护国家的重任。而端礼门恰是秦王朱樉所在王府的正南门,以"礼"字命名实乃皇命所为。

到清朝入关时,此时端礼门的名称仍在沿用,但到了清中期,在一些资料中,就多有将"端礼门"记为"端履门"的,至于原因,史料未有记载。据专家推测,可能是清朝统治全国后,沿袭了明代的地名,但又觉得完全沿袭明代的名称不好,就根据民间流传的官员在此整冠端履的传说而将此改为了"端履门"。也有推测说可能是口误,因"履"和"礼"的读音非常相近。

药王洞名字的由来与孙思邈有关吗

小北门里有条东西走向的路,叫作药王洞,因为这条街的北侧曾经有一座古庙,是专门纪念药王孙思邈的。1966年这里曾改名为八一街,1981年才恢复药王洞原名。

相传，唐太宗李世民的皇后又一次身患重疾，可原先治好她的御医这次也没能根治，使得太宗皇帝忧心万分。于是便有人提议，将耀州名医孙思邈召入宫中，他医术高明，定能使皇后全可。孙思邈入宫后，果然凭借精湛的医术，使皇后祛除了病容。太宗欣喜之余，便要赐他官爵、黄金。但是，自幼学道的孙思邈心怀天下百姓，不肯安享荣华，所以执意离开，并将赏赐的黄金、官服放在了宫里的一块石头上。

此后回到民间的孙思邈继续研究医药学，并非常注重医生的职业道德修养，著有《千金要方》和《千金翼方》，为后人留下了宝贵的药物学研究成果，被人们尊称为"药王"。

后来，人们便在那块"药王弃官石"附近建起了一座纪念孙思邈的药王庙，人们常去祈求药王保佑家人健康。又因为孙思邈常年在深山中采药，居无定所，常常夜宿山洞，所以便将这座庙附近的街道叫作药王洞。其实"洞"还有"别有洞天"的意思，专指道教中神仙居住的地方。可见民众对孙思邈的敬重。

所以从清代开始，每年的农历二月二，这里都会举行隆重的庙会。虽然古庙已于20世纪七八十年代被拆毁，而那块"药王弃官石"也不知所踪，但是热闹的庙会仍然会在原址附近举行，更作为一种隐形的文化形式而被保留了下来。

灞桥上曾发生过什么传奇故事

灞桥在今陕西省西安市城区东十公里的灞水之上，是一座始建于汉代的古桥。

汉唐之时，送客之人多到此桥作别。故桥在今桥西北十余里处，后因"灞水"河道东徙，所以灞桥也移于今址。《三辅黄图·桥》有对灞桥的描述，称其"在长安城东。跨水作桥。汉人送客至此桥，折柳赠

别。王莽时，灞桥灾，数千人以水沃救不灭，更灞桥为长存桥。"看来灞桥也曾改过名字。不过发生在灞桥之上的故事，却再难改变，因为或许已经成为历史。

汉武帝时，淮南王早想谋叛，但因为顾忌武帝和大将卫青，加之自己处事犹豫不决，所以迟迟未动。后来假以支援朝廷抗击匈奴之名，派大军而过灞水。汉武帝本打算在灞桥犒劳军士，谁知此时参与谋叛的雷被和伍被，以及淮南王的孙子刘建先后前来告发，使得汉武帝发觉了淮南王进长安的图谋，于是做了准备。军队随后便撤走了。其实这个故事真的很违背史实，因为淮南王是被汉武帝派人入淮南国而逼自杀的，如果真的曾经派军直到长安城外，恐怕淮南王自己也不会落得一族皆平的下场。

不过真正的历史是，在灞水桥头，唐太宗曾怒斥当初违约的突厥颉利可汗，并重新成功达成盟约，有效遏制了突厥的要挟，并为政治的巩固和厉兵秣马赢得了宝贵的时间。

此外自古以来，灞水、灞桥、灞柳就因为唐诗的描述而成为与送别相关联的事情。唐朝时，在灞桥上专门设有驿站，因为离城十里，所以但凡送别亲友东去的，多半便在这里分手，而且还经常折柳相赠，取"柳""留"谐音之故。并为文人骚客所乐道，更有"销魂桥"的美誉；还因为流传着"年年伤别，灞桥风雪"的词句，而使得"灞桥风雪"成为"关中八景"之一。

金花路有什么传说

金花落是一座位于黄土岗子西坡的村落，而金花路自然便是这个村落里的主路。不过金花落这个名字的由来非常古老。

据宋《长安志》所载，金花落其实是唐兴庆宫里的一处建筑群落，并注"俗所传盖卫士所居"，即内侍卫的居住地。而元代时人们在此建了一座圆通寺,寺旁村名金花坊,而清嘉庆时的《咸宁县志》上说,此时的村名已经改为金花落。

上面所述看来似乎并无什么惊奇可猎,但下面所述便有些意思了。

在唐代,所谓"落"其实是宫女的居处。而金花落者,就是兴庆宫里宫女的居处。此外,相传金花落与唐朝皇帝选秀有关,曾是八方秀女训练和居住所在。因为秀女一旦被皇上选中,便成妃成嫔,犹如金花一般,所以被叫作"金花";落选秀女便也被称为"落金花",而落金花们在回家之前所居住的驿站便被叫作金花落。久而久之,金花落旁的街道便被叫作金花路了。

如今的金花路

迎祥观中有什么离奇的传说

迎祥观位于西安西大街中段北侧,北广济街口东侧,虽然名中有"观",其实却是一条"丁"字形的小巷,名称自然源于历史上一座著名的道教庙宇。

历史上真正的道观迎祥观,建于唐中宗景龙二年,原名景龙观。不过在唐玄宗开元二十九年,在周至县南山中出现神迹,且被人发现,竟然是一座高约三尺的老子像。此事传到玄宗耳里,被认为是特大的祥瑞之事,于是便命尚书张九龄与道士萧元裕前去迎至京城,并在兴庆宫举行了隆重的迎接仪式。

而供奉老子像的场地便选在景龙观,不仅如此,还将观名改为"迎祥观",以此来记录这件神奇的事情。不过光阴无情,如今此地,已经丝毫寻不到该观的遗迹了。

窦府巷有什么传说

窦府巷在清嘉庆《咸宁县志东郭图》中称为豆腐巷,位于今西安城东北,接近东门。为南北向街道,北起长乐坊,南达景龙池。关于此巷的得名众说纷纭,有人说跟"豆腐"有关,另有些人则称是"杜甫"的讹传,甚至还有人觉得是和汉代的"窦太后"有密切关系,其实都不然。窦府巷其实是因窦毅府邸在此而得名的。

如今的窦府巷

窦毅是北周大将,曾任定州总管,隋朝时仍任此职。官虽不大,但他的妻子却是北周文帝宇文泰的第五女,也就是北周武帝的姐姐,襄阳长公主。他们生的第二个女儿,少小之时便聪颖敏慧,而且才貌出众,被父母视为掌上明珠。后来到了女大当嫁的年龄,窦毅便开始为女儿择婿的问题烦恼。因为来求婚者不仅人数众多,而且多是官宦显赫,让窦家很是为难。于是窦大人便在自家的门屏上画了一只孔雀,并规定求婚者必须射中所画孔雀的双目才能入选。于是大家都来射箭,却没有一人可以两箭俱中。后来一位公子到来,抽弓搭箭,每一箭都射中一只孔雀眼睛。于是窦家便按当初的约定,把女儿许配给了这位公子。这位公子便是日后成为唐高祖的李渊。窦氏嫁给李渊后,生子李建成、李世民、李玄霸、李元吉和女平阳公主,追封为太穆皇后,并有"孔雀夫人"的美誉。所以窦家所在的那条街才被人称作窦府巷,并使这段"射屏招亲"的故事流传至今。

此外小巷的南端本来还有一座名为"孔雀庵"的尼姑道场,可惜于1926年毁于战乱。

老西安的名人故居

杜公祠知多少

杜公祠位于西安市长安区韦曲镇东的少陵塬畔,是唐代著名大诗人杜甫的祠堂。它北靠少陵原,南临樊川,祠内草木茂盛、环境幽雅,是游人游玩的绝佳之地。

杜公祠是一座四合院式的建筑,山门的建筑形制仿唐代的砖木结构,祠内有三间祭祀灵位的大殿,殿内还供有杜甫的一尊泥塑坐像。现祠内所保存的最珍贵的文物为杜甫在唐乾元二年(公元759年)所写的

杜公祠

《俯太中严公九日南山寺》石碑的墨拓本一份。祠内展室的墙壁上还刻有《唐书·杜甫传》《杜甫年谱》"杜甫足迹图""杜氏世系表""杜甫在长安行迹图"等,还有康有为、于右任、郭沫若等人的题词。现在的杜公祠为清代重修,新中国成立后将其辟为杜甫纪念馆。

杜甫,字子美,祖籍陕西长安,生于河南巩义,自号少陵野老,是

唐代著名的现实主义诗人,被后人誉为"诗圣",与处于同一时期的李白合称"李杜"。杜甫出身名门,自幼饱读诗书,受家庭和其所读诗书影响,年少时便怀有"致君尧舜上,再使风俗淳"的伟大思想。

天宝六年(公元747年),抱负远大的杜甫来西安参加科举考试,却因当时的权相李林甫编导的"野无遗贤"的闹剧而落选。但杜甫并没有灰心,为了实现自己的政治理想,他选择了留在长安。在长安客居的10年中,他经常奔走于权贵之间,献赋作词,但却未能碰到自己意想中的伯乐,仍过着不得志的潦倒生活。天宝十四年(公元755年),杜甫终于摆脱了命运的捉弄,迫于生计,他接受了朝廷任命的右卫率府兵曹参军(低阶官职,负责看守兵甲器杖,管理门禁锁钥)这样的一个小官职。不久,安史之乱爆发。之后,杜甫离开长安,生活变得更加流离颠沛,大历五年(公元770年),贫病加交的杜甫在一条小船上逝世。

高家大院有何独特的建筑风格

高家大院位于西安市繁华的商业街上(北院门的清真小吃街),其主体建于明代,为三院四进式砖木结构四合院。

高家大院之所以备受推崇,是因为其所独有的有别于其他古居的两大价值:一是其主体为明代建筑风格,距今约有400年的历史;二是像它这样位于繁华闹市的现存古民居世所罕见。除此之外,高家大院所凸显出的浓浓的"爱"的味道也是其他类似

高家大院

古居所不具有的。它虽没有王府庭院的幽深肃穆，也不像其他古院那样充满诗情画意，但它身上所独有的家的味道或许更是现今的人们感兴趣的。来到高家大院，处处都散发着浓重的生活气息，仿佛使人一下子穿越时空，来到了距今400多年的古人的家中串门，感觉十分亲切。在这里，可以尽情体会明代人们的日常生活是怎样的。

高家大院是高岳崧的故居。高岳崧，字峻生，也有峻峰之说，陕西长安人。清同治年间殿试高中榜眼（科举考试第二名），后获赠此宅。高家本族从明崇祯十四年至清同治十年七代为官。高岳崧自幼禀赋极高，爱好看书写字，更擅写文章，在同治八年（公元1869年）的乡试中，一鸣惊人，考中举人。同治十年，在一年一度的科举考试中及第，中榜眼，不仅光耀了门楣，还得以在朝为官为国效劳。光绪元年（公元1875年），高岳崧任长安州知府。在长安州为官期间，他恪尽职守，为官清廉，待人与善，从未因官倨傲，深得当地百姓爱戴。可惜英年早逝，去世时年仅31岁，人们念及他的人品和学识，无不为之扼腕叹惜。

如此高洁文雅之士，来到其曾居住过的高家大院游览，一定会受益颇多。

您了解于右任在西安的故居吗

于右任故居位于三原县城西关斗口巷，为其父于新三用多年积蓄所购置，专作为于右任读书之地。

故居内有两个院落，西院是其养母房太夫人的厢房。整个院落青砖瓦舍，古朴典雅。北院有三间老屋，一株老槐树，是于右任曾居住的地方。解放后于右任随国民党来到台湾，后在其回忆录《我的青年时期》一书中，开篇便提到了故居院落中那三间简陋的老屋和屋前六百多年的古槐树，思乡怀旧之心油然而生。屋舍虽简陋，但恰好凸显了先生的高风亮节，让人体会到了先生以天下为己任的博大胸怀，实为进行爱国主义教育的最佳场所。

于右任（公元1879年—公元1964年），名伯循，字右任，民主革命先驱，国民党元老、真诚的爱国者、爱国诗人和一代书法大师。

于右任故居内景

先生少年时便聪明好学，17岁即中秀才，25岁中举人。其间，曾挥笔直呼："换太平以颈血，爱自由如发妻。"民主革命思想尽显。他文采超群，才思敏捷，志存高远，被誉为"西北奇才"。他不仅书法自成一体，还是一位伟大的爱国人士，一生布衣粗食，生活节俭，倾尽全力关注教育事业，上海复旦大学、西北农学院、三原中学等都饱含着先生倾囊相助的心血。此外，他还兴修水利，赈济灾民，由他和杨虎城将军等人主持修建的泾惠渠，至今仍福泽人民。

令人遗憾的是，于右任先生爱国、爱民至深，但自1949年到台湾后，直到其逝世再未回到故土，想必这一定也是先生生前的一大遗憾。

不可不知的张学良公馆

张学良公馆位于西安市建国路的一片民居之中，显得宁静优雅，楼房小巧而别致。公馆内自东向西排列有A、B、C三座小楼，楼房均为三层砖木的西式楼房建筑样式，公馆四周有青砖所砌围墙，北墙之上开有大门，楼房自东向西，东楼主要为接待宾客所用，西安事变前，周恩来曾在此居住过，中楼为工作人员的办公和休息之所，西楼为张学良将军、赵四小姐和其子的居住之所。三座小楼的最下一层都有约半层位于地下，楼的顶部都是花形铁钉，好像刚刚盛开的花蕾。现今，西楼虽作为参观的重点，但透过其内木制的地板和发白的墙壁，却发现此处并无特别之处，其内的摆设简单古朴，似在向人诉说着张学良将军当年的生活是如何的简朴如常。

在公馆的门口，"西安事变纪念馆"的牌子赫然入目。1936年12月，张学良将军在规劝蒋介石联共抗日不成之后，便于12月11日晚在其居住的西楼的二楼会议室内召见了东北军高级将领王以哲、董英斌等人，宣布次日清晨发动对蒋兵谏，并详细安排了行动计划，草拟了八项抗日主张。

张学良公馆

1936年12月23日，南京政府代表宋美龄、宋子文和中共代表周恩来，以及张学良和杨虎城共同在张学良居所的二楼会议室内举行三方会谈，张、杨二人和周恩来提出了放蒋介石的六项协议，迫使其停止内战，联共抗日。西安事变得以和平解决。

西安事变对于中国历史来说意义重大，它结束了10年内战，形成了国共合作抗日的大局势，为抗日战争的最终胜利奠定了基础。

杨虎城止园旧居为何多次改名

杨虎城止园旧居位于西安市陕西省人民政府院内，现名西安事变指挥部，建于1931年，为杨虎城将军居住办公之地。公馆屋脊为歇山顶的砖木结构，顶上是灰布板瓦，筒瓦压脊，檐角起翘。建筑周围有回廊，四周修有院墙。进入公馆，经过一个停车场便可看到一座刻有"止园"二字的砖砌欧式门楼。

从门楼进入庭院内，在一块刻有"止园"二字的石碑上，详细介绍了止园的来历。"止园"建于1934年，此处原为唐太极殿所在地，明朝时又作为郡王朱楸第九子的府第；后该处又被作为寺院，成为僧人念经诵佛之所。1933年，杨虎城将军在此地修建其个人居所，主体院落于1935年建成。建成后取"紫气东来"之意，将现在的"止园"命名为"紫园"，不久，杨虎城将军采纳了时任陕西省政府参议李元鼎先生的建议，以"止戈为武""到此为止"之意，将"紫园"更名为"止园"。其实，这区区一字之差，也反映了杨虎城将军前后思想的变化。

止园

1931年，他奉蒋介石之命，负责围剿西北地区的"共党"，但此时的日军已占领我国东北地区，并对华北虎视眈眈，加之在与共产党军队作战的过程中屡屡受挫，让他的思想有了很大的波动，为西安事变埋下了种子。取名"止园"，亦暗含他"结束内战，国共一同抗日"的一片苦心。杨虎城在此居住期间，经常在止园内会见国民党的一些高级官员，并安排部队的一些事宜。1936年6月，他在这里接见了准备赴延安的著名美国记者埃德加·斯诺。1936年的12月11日，一个注定要改写历史的夜晚，张学良将军带领他已布置好的准备捉蒋的部队来到杨虎城将军的新城公馆，和杨虎城及杨虎城十七路军的孙蔚如等将领一起，在此地进一步商议和布置兵谏蒋介石的详细计划。

1936年的12月12日清晨，震惊中外的西安事变爆发，国共两党从此开始了八年的共同抗日之路。西安事变后不久,周恩来来到"止园",与杨虎城商讨和平解决西安事变事宜。

寻觅王维故居

王维故居位于西安蓝田县的辋川,当年带给王维无限才思的故居如今只剩下了一棵银杏树孤独地伫立于辋川的山水间,似在向当今的人们昭示着,这里曾经住过一位才华横溢的田园诗人。

王维,唐代诗人,祖籍山西祁县。王维不仅精于诗词,且精通音律,算是一个具多方面才华的诗人。

王维生于盛唐,相比于终生不得志、生活坎坷的"诗圣"杜甫来说,他是幸运的。他不仅在朝为官,而且家资丰厚。在朝为官期间,辋川优美的自然风光无时无刻不在吸引着拥有田园归隐之心的诗人。于是,王维便利用在朝为官时的空闲时间,在这里为自己修建了一座田园别墅,从此便在长安城旁边的蓝田县辋川里过着半官半隐的田园生活。

王维的一生过得比较悠闲自在,早年在朝为官,后似乎看透了官场的

王维手植银杏树

残暴和无常而变得意志消沉,在风景秀美的辋川隐居起来,除每日吟诗作赋,同友人游玩于山水间外,还一心参悟佛道。

王维一生留下了无数脍炙人口的诗作。他尤其擅长写描述田园风景

的诗,边塞诗创作亦十分出色。王维所创作的边塞诗无论从数量还是质量上,相比于盛唐时以写边塞诗著名的高适、岑参来说,都毫不逊色。

王维的山水田园诗多以五律和五绝的形式写成,篇幅虽小,但语言生动优美,将景物的幽静和诗人闲淡的心境一并展现,如《山居秋暝》:"空山新雨后,天气晚来秋。明月松间照,清泉石上流。竹喧归浣女,莲动下渔舟。随意春芳歇,王孙自可留。"诗中将风景之美和人物的恬淡之心一同展现。王维后期的描写田园风光的诗篇因加入了佛家的教义,读后让人有心灵复归宁静、空谷无物之感。明朝胡应麟曾称,读过王维的《鸟鸣涧》和《辛夷坞》二诗,让人有身世两忘,万念皆寂之感。

纵观王维的诗作,除了专写山水的诗外,在一些送别类的诗中也常出现描写景物的佳句,如《送綦毋潜落第还乡》中的"远树带行客,孤城当落晖";《送梓州李使君》中的"山中一夜雨,树杪百重泉"等,都是久传不衰的千古佳句。

王维描写军旅和边塞生活的诗作也不少,且也有很多佳作留传于世,如《使至塞上》《出塞行》《陇西行》等,至今仍广为人们吟诵。

蒋介石的西安故居

蒋介石故居位于西安市临潼县骊山北麓的华清池五间厅。

五间厅是一座由五个单间组成的砖木结构的厅房,它南倚骊山,北至荷花池,庭院宽阔平坦,树木葱茏,特别是厅前的合抱粗的大柱子高擎于前廊檐,显得肃穆庄重,气宇轩昂。蒋介石的卧室和办公室分别位于五间厅的第二和第三个单间,其他分别是秘书室、部署作战计划的会议室和侍从钱大钧的办公室。各房间内的一切摆设和当年一样。

五间厅本无特别之处，但西安事变的发生，让它引来各方人的关注。

1936年，蒋介石先后于10月、12月两次入陕，均以华清池的五间厅作为行馆。蒋介石的两次入陕，意义重大。尤其是第二

五间厅

次来陕之行，促成了震惊中外的"西安事变"。1936年12月，在蒋介石到达陕西后，由于他坚持逆行"攘外必先安内"的错误军事路线，在国家危亡之际，置国家利益于不顾，坚决要求张学良的东北军及杨虎城的第十七路军和红军作战。张、杨二人在苦劝无果的情况下，于11日晚，秘密商议兵谏蒋介石之计。12日凌晨五时，张杨二人带领得力部队按照事先密谋好的计划，来到华清池的五间厅内捉拿蒋介石。此时正处于熟睡中的蒋介石，听到外面的枪声，心知不妙，便从卧室内越窗而逃，仓皇中由贴身侍卫搀扶上山躲避，藏身于西绣岭虎斑石处的草丛中，但随即被张杨的军队发现带至山下，后经各方商讨调解终于答应联共抗日。至今五间厅内的窗玻璃和墙壁上还留有当年激战时的弹痕。

帝王古墓

黄帝陵广种古柏的传说

黄帝，即轩辕氏，中华民族的人文祖先。黄帝陵位于陕西省黄陵县城北的桥山，因此又被称为"桥陵"。相传黄帝最后被玉皇大帝召上了天，因此该处仅为衣冠冢，以表示人们对黄帝无限的崇敬和怀念之情。黄帝驾崩后葬于桥山。在桥山的脚下，有一条由西向东呈U形分布的河流，站在山上往下看，河的左右两边都是缓缓流淌的河水，好似从山下经过一样，因此人们将河流所经过的山称为桥山，将黄帝陵称为"桥陵"，又有"天下第一陵"之称。

黄帝陵

黄帝是原始社会一位伟大的部落首领，是开创中华民族文明的祖先。据传，黄帝战败蚩尤后，在桥山建立了部落联盟。他的到来，把人们从野蛮时代带入了文明时代，让人们从穴居改为定居，他教会人们植树造屋，让人们免受洪水冲积所带来的山石塌陷之苦。他还教会人们如何使用农具耕种田地，他的妻子教会了人们养蚕织布，使人们从此告别了衣不蔽体的野蛮生活方式，从此进入文明时代，开启了中华五千年文明史的序幕。

由于黄帝对人类所作的贡献实在太大，为了表彰他的功绩，玉皇大帝决定将黄帝召入天庭，永享天福。于是，当黄帝在人间的寿命达到118岁时，一天，天上下来一条巨龙，要带黄帝走。黄帝知是天命难违，在离开之前，恳求巨龙让他安抚一下臣民。当人们得知黄帝要升天后，便纷纷哭泣挽留，黄帝亦难舍乡民百姓，就把所穿外衣及身上所带宝剑等配饰留给乡人后骑龙西去。人们为了纪念他，便在桥山顶上为黄帝所留的衣物专门建了一座衣冠冢，以供世代拜祭之用。

当时的桥山顶上是一片荒芜光秃之象。人们拿去祭拜黄帝的食物，也常被飞禽走兽抢夺而去，这让人们的心里很不安，感觉是对黄帝的极不尊敬。在这种情况下，山民之中有一位叫青山的老人，便立志在黄帝陵周围遍栽柏树，想着等树木的叶子长出，可以把陵墓挡住，这样，就不会被鸟兽轻易发现了，所供祭拜之用的食物也就可以保住了。青山老人想到做到，立刻行动起来，起早贪黑地在山间忙个不停。时间虽一天天过去，但青山老人栽树的热情却丝毫不减，依然年年如一日地在山上栽个不停。他的这种坚韧不拔的意志感动了天上的九天玄女，九天玄女就将此事禀告了玉皇大帝。玉皇大帝听后便命九天玄女将王母娘娘收藏的常年不落叶的柏树籽拿出来撒在桥山上。第二年春天，整个山上都长出了绿绿的松柏苗。青山老人看了，心里欢喜得不得了，从此他不用再辛苦栽树，而是整天乐此不疲地给树苗培上、除草，就这样经过若干年，棵棵柏树已由当年的小树苗长成了高耸入云的参天大树，整个桥山被绿意笼罩。后来不断有利欲熏心的恶人或好吃懒做的地痞无赖上山来砍伐柏树，他们都不约而同地受到了上天的惩罚，从此桥山上的树无人再敢砍伐，棵棵柏树在人们心中也变成了由上天所赐的"神树"，忠诚地守卫着黄帝陵。

秦始皇兵马俑是由谁设计建造的

秦始皇兵马俑位于陕西省临潼县,是秦始皇陵的陪葬坑,1987年被列入世界文化遗产保护名录。它的发现,是世界考古史上的盛事之一,被列为"世界第八大奇迹"。

秦始皇陵中庞大的兵马俑群共分布在四个坑内,共出土有军士俑、立射俑、跪射俑、武士俑、军吏俑、骑兵俑、驭手俑和百戏俑等,共计8000余件,这些兵俑被制作者们塑造得形象逼真、神态迥异。个

兵马俑

个栩栩如生,仔细观察,可以发现兵俑虽数量众多,但精致到每个士兵的脸型、身材、表情、眉毛、眼睛和年龄都有不同之处,雕塑手法之高超,令人叹为观止。而再观战马俑的塑造,则更令人称绝,个个栩栩如生,充满生气,仿佛随时都会一跃而起,随主人一战沙场。

那么,如此精美绝伦的兵马俑的设计者和制作者又是谁呢?据《史记》载,始皇陵的设计及主持制造者为秦朝丞相李斯。当年考古人员在发掘和修复兵马俑的过程中,不断在陶俑的身上发现有刻画或戳印的陶工名,有几十个之多,加上史料佐证,相关史学家推测兵马俑的制造者为社会下层但技艺高超的工艺师,他们每个人的下面又分派有许多助手,由此或可估计参与兵马俑制作的人数多达数百或上千。而这些人一部分是当时朝廷所指定的陶器制作作坊,一部分则来自下层的民间制陶

作坊。查阅史料可知，秦时对制陶工实行"物勒工名，以考其诚"的考勤制度，要求工匠们在制作的兵马俑身上刻下自己的名字，以稽查他们制作陶俑的数量和质量，不想，这一制度在两千多年后竟成为了今人解开秦俑制作之谜的钥匙。

究竟是谁发现了秦始皇兵马俑

秦始皇兵马俑的发现为20世纪人类考古学界的一大惊天发现。围绕着究竟是谁先发现了秦始皇兵马俑一说曾引发过无数争议，但确信无疑的是它的发现纯属偶然——是几位农民在打井时偶然发现的。

时间倒回1974年的春天，当时天气大旱，眼看着地里的麦苗就要因缺水而旱死，在西杨村生产队队长杨培彦的主持下，村民经过商议后便决定在地里打几眼井，以应付不知何时才能过去的干旱。1974年3月29日，这是一个注定要被历史所铭记的日子。一大早，西杨村以杨志发为首的几位农民来到田里准备尽快打出一眼水井，以解农田灌溉用水的燃眉之急。但在挖到井下5米多深仍不见有水，村民都觉得有些丧气时，一块陶片的涌出，将人们的思想暂时从干旱的笼罩下拉出。正在人们纷纷议论这些被他们挖上来的残肢断臂的"瓦神爷"（当时人们认为挖井挖到陶

兵马俑

瓦罐之类的是不祥之兆，会招惹祸害，在此之前已有人曾挖出过许多此类东西）之时，临潼县晏寨公社水管员房树民的到来（他本是到此来查

看打井进度的），为兵马俑的重见天日拉开了序幕。只见他在井周围绕着那些被村民们挖出来的碎砖断片沉索良久，然后凭着他对文物知识和国家有关文物政策的了解，果断地说："这井不能再挖了，我看这里像是一处遗迹。"随即他便找来了临潼县文化馆主管文物工作的赵康民等同志前来查看。赵康民同志在查看了挖出来的陶器后，凭着自己扎实的文物知识断定这是文物，在让村民保护好文物的同时，他开始了对文物的修复和资料的搜集工作，并着手向上级报告。

秦始皇兵马俑的出土在全世界造成了轰动，引得世界各地的政要和游客纷纷前来观赏，无不对兵马俑雕塑的神奇赞叹不已。1998年美国总统克林顿来此参观时曾给予极高赞誉。

如此重大的发现，为中国带来了无数的荣誉和赞美之声，但伴随着这些赞誉而来的还有一个令人颇为尴尬和苦恼的问题，那就是，究竟是谁发现了秦始皇兵马俑呢？或者说谁是秦始皇兵马俑发现的第一人呢？围绕着这个问题引发的争议至今未能很好地解决，也让当时的相关人员头痛不已。当时曾将参与挖井的杨志发定为发现兵马俑的第一人，但随后便遭到了很多人的抗议和反对。如西杨村的队长杨培就曾到博物馆强烈要求将他和另外几名打井队员一同写入"兵马俑发现者"之列，赵康民也于不久后宣称是自己先对兵马俑进行了鉴定、命名、修复等工作，因此自己才是发现兵马俑的第一人。还有人认为几位农民虽然先挖出了兵马俑，但他们并不知道兵马俑的价值，如严格按照《辞海》给"发现"的定义而论，这几位农民并不是真正的发现者，真正的发现者应是房树民，更有的说应是新华社的记者蔺安稳，因为如果没有他写内参，不可能引起国家的注意。

不管是谁首先发现了兵马俑，但现在看来，兵马俑从被个别挖出到最后的全面出土，这中间，少了哪一个环节、少了在哪个特定环节特定出现的人都不行。

兵马俑的地宫里为何会有大量的水银

2002年，考古人员在对秦始皇陵进行地下考古勘察工作时，竟然在地宫的表面检测出大片的含汞区域。经进一步探测发现，地宫内确含大量水银，且令人意想不到的是，地宫内水银的分布竟然和秦国的疆域版图相吻合。这也印证了《史记》有关始皇陵中存在大量水银的记载。北魏学者郦道元也曾说："以水银为江河大海在于以水银为四渎、百川、五岳九州，具地理之势。"这正好与地宫中发现的"上具天文"四个字相对应。原来《史记》中所说的"上具天文，下具地理"中的天文指刻于地宫上部的二十八星宿，取仰观天空之意，下具地理则正好是以水银所代表的山川地理，是为俯察地理之意，以营造出天地辉煌之象，这充分表明了秦始皇是想在死了之后同样可以如活着时统治天下的野心。

另外，地宫中存在大量水银，还有很好的防腐杀菌作用，因为水银隔热功能很好，可以在地宫内形成一个密闭的隔热层，能最大限度地保存地宫内尸体的完好无损。而且由于水银是一种有毒的液态金属，会释放出有毒的汞蒸气，所以可以很好地防止盗墓者的破坏。

然而如此数量庞大的水银从何而来呢？鉴于当时的历史条件，不免会引起后人的诸多揣测。

据《史记》载，秦始皇20多岁时便迷上了"长生药"和"真人术"，渴望通过炼丹达到长生不老的目的。而炼就"仙丹"的必备之物——水银在当时就成了十分紧俏的商品。

说到秦始皇陵水银的来源，就不得不提到当时在四川的一个叫作"清"的寡妇。她与秦始皇陵的修建有着千丝万缕的联系，她生前与

秦始皇的神秘关系也给后世留下了颇多悬念。首先,《史记》曾评价她"礼抗万乘,名显天下",意思是说她很富有,拥有的财富可以和秦始皇相抗衡(清的家族当时垄断的是国家的丹砂行业,而丹砂可以用来提炼水银)。试想,如秦始皇般拥有统一六国霸气的帝王怎能容得下一个平民百姓有如此的财富和排场呢?其次,《史记》中说她"用财自卫,不见侵犯",可见她不仅财富多,还雇佣了一批武装人员用于保护自己和她的家产。我们都知道,私藏兵器在当时是不允许的,但是她却如此肆无忌惮,似又让人不解。最后,据说,因为她自丈夫去世后就一直未嫁,秦始皇为此还专门为她建了一座"怀清台"来表彰她对贞操的守护。然而在当时的秦国,女人失夫再嫁并非不被允许,而且对于守节也没有特别的要求。如此看来,秦始皇这么做,也似乎是多此一举。那么秦始皇对于清的种种反常举动的背后,是否隐藏着更大的秘密呢?

在考古学家的进一步研究和推测下,清的神秘面纱慢慢被揭开。她死后被发掘的墓葬位置刚好在我国巫术的发源地巫山一带。由此或可知,清很可能是一位"巫师",并且是一位通晓"长生不老术"的有着特殊能力的巫师,她可以做到让秦始皇"长生不老",所以她可以被秦始皇另眼相待。

兵马俑的士兵为何都不戴头盔

1974年出土的秦始皇陵兵马俑,其数量之庞大、形象之生动让全世界为之惊叹,但这些被埋藏了2000多年的"兵士"也给人们带来了诸多疑问,如此威武的兵马俑阵中的兵士为何都没有戴头盔呢?

这恐怕要从秦人的特性和秦国的制度说起了。

秦国能最终统一六国,除了秦始皇的霸气之外,秦人的好战尚武也是一个重要的原因。秦人不怕死，乐于上战场杀敌，这从韩非子的著作中所记录的秦人特征就可看出。他说，秦人听说有仗打，便马上挽起袖子，一副杀敌而后快的样子，根本不怕死。而《史记》中也有着同样的描述：战场上的秦人袒胸露腹，更别说盔甲了。

兵马俑的士兵

那么是什么原因让他们这么"喜欢"战争，而置生死于不顾呢？

公元前359年，商鞅在秦国实行变法，他为秦国制定了一套十分严苛的法律制度，其中就包括诱人而又残酷的军功授爵制度："颁发法律，制定连坐法，轻罪用重刑；奖励军功，禁止私斗，颁布按军功赏赐的二十等级制度。"也就是说，秦国的士兵只要在杀死敌人后取得敌人一个首级，就可以获得爵位一级、田宅一处和仆人数个。斩杀的敌人首级越多，获得的爵位就越高。而且在当时，军功爵位是可以世代相传的。这样，一个人获得军功，不光全家人而且连后代都会有好处。有这样的规章制度作为基础，面对优越生活的诱惑，士兵们又如何不奋勇杀敌呢？

再来看看兵马俑坑中的那些不仅不戴头盔，而且连身上的护甲也很少的士兵吧，唯一的理由就是沉重的作战装备（护甲和头盔）成为了他们上战场杀敌的累赘，轻装上阵才能较容易地制敌于死地，从而在战场上占得先机。然而这样做也是非常危险的（很容易被敌人的兵器所伤），但是在当时，恐怕脱离卑微的生活与生命相较，想来还是前者更重要吧，但这都只是后人的推测罢了。

到底是谁焚烧了兵马俑中的一号和二号俑坑

在秦始皇陵地宫兵马俑的发掘过程中,考古人员奇怪地发现,在出土的一二号坑的兵马俑中,有遭火烧的痕迹。

发掘出的兵马俑坑的木结构几乎全部被烧成了灰烬,坑内已部分塌陷,大量的陶俑和陶马被毁坏,有的身首异处,有的已变成了数段,还有的已成碎片。除被火烧过外,被人为破坏的迹象也很明显。那么俑坑里的火到底是怎么回事呢?

要知道真正的原因,因无确切的史料记载,恐怕是不可能了,但后人经过研究当时的历史进行过一些推测,大致有如下几种说法。

一说,火烧一、二号俑坑,是源于秦朝的"燎祭"制度。也就是为了让人在死了之后可以继续享用他生前所拥有的一切,要将坟墓中为他准备的一切可用之

一号坑

物烧掉,以让他的灵魂可以把这些东西带去阴间享用。而那些修地宫的工匠们,也刚好可以借机发泄一下心中的不满,这也正好印证了陶俑被人为破坏之说。那如果这种丧葬和民间习俗之说成立的话,三号坑的完好无损似乎又是一大硬伤。

第二种说法是兵马俑坑可能是被项羽放火烧毁的。因为据史料载,项羽在入关前曾盗过秦始皇陵,后《史记》《水经注》等史料均记载,项羽盗秦陵后不久,秦陵即遭了大火,且火烧三月不绝。但奇怪的是,书中并未提到是项羽的军队放火烧了兵马俑。所以这一说也只是后人的猜测罢了,无确凿的证据足以支撑。倒是《汉书·刘向传》中有一个这

样的记载，似乎可以为项羽洗脱后人所加的"冤屈"："其后牧儿亡羊，羊入其凿，牧者持火照求羊，失火烧其臧椁。"意思是一个小牧童在放羊时，有一只羊不小心进入了掘开的地宫，牧童便拿着火把进去找羊，不小心却引发了大火。

第三种说法是自燃。此说认为，坑内的陪葬物因日久天长，导致它们所含的有机物腐败而产生沼气，形成自燃。但是处在同样环境条件下的三号坑为何又能安然无恙呢？显然此说也有明显的破绽。

最后一种说法认为俑坑起火纯属偶然，因为在秦始皇死时，秦陵尚未完工，但当时的皇位继承人——秦二世胡亥，面临朝臣之间的激烈矛盾和陈胜吴广起义的威胁，在万般无奈的情况下，他不得不听从大臣的建议，将正在修筑秦地宫的大批奴隶和刑犯释放，临时充兵来抵挡起义军的进攻。试想在当时的混乱局面下，有人不小心引燃地宫，也不是没有可能。

秦始皇地宫内一、二号坑的大火虽引来了后人的诸多推测，但都不能最终盖棺定论，真正原因，还有待更科学的推测。

兵马俑中的"神剑"为何两千年不折

在地下埋藏了2000多年的兵马俑二号坑内的青铜剑，被挖掘时其剑身无丝毫锈蚀痕迹，剑长86厘米，剑身有8个棱面，且均十分对称均匀。这让考古学家十分惊讶。究竟是什么原因让这些宝剑在历经了2000多年的沧桑之后依然能光洁如新呢？

后经考古学家用现代科学方法检测发现，这些青铜剑的表面竟然都涂有一层厚约10微米的氧化膜，经进一步检测发现，这层氧化膜中含有铬约2%。这一惊人的发现立即在科学界引起轩然大波。因为这项技术于

20世纪30年代才被西方人发现并申请为专利技术,且实现此项技术的条件特别复杂及苛刻,但令人万万没想到的是,2000多年前的秦人就已懂得用此法来铸造武器。当时秦人的铸造工艺水平之高实难想象。然宝剑的韧性之强,如果不是亲眼所见,恐怕今人也实在难以相信:据当时在场的考古专家证实,有一口剑曾被一个重达150公斤的陶俑压弯,但在移开陶俑的瞬间,不可思议的一幕出现了:这口宝剑在没有了重物的情况下居然反弹而平直如常。面对如此精湛的铸剑工艺,今人或许也只有自叹不如了。

二号坑出土的青铜剑

秦始皇棺椁是铜制还是木制

秦始皇棺椁究竟是铜制还是木制,史料并未有明确记载。《史记》中也只有寥寥几句,这就给后人留下了无限的遐想,那么秦始皇棺椁到底是木制的还是铜质的呢?

《史记》中载:"穿三泉下铜而致椁。"此句似说明了秦始皇当时使用的是铜制棺材。但是《史记》其他处和《汉书》中又载:"冶铜锢其内,漆涂其外""披以珠玉,饰以翡翠""棺椁之丽,不可胜原"这似乎又是在说秦始皇的棺椁为木制,因为如果是铜制的话,根本用不着使用土漆涂抹外层,而只有木制的棺椁才会用土漆。另外,在秦代,对丧葬制度有着严格的规定,如当时最高级别的丧葬方式为"黄肠题凑"。也就是说,只有皇室才能使用这种丧葬方式。那么什么是"黄肠题凑"呢?它的出现最早见于秦吕不韦的《吕氏春秋》中。"黄肠"即指棺材所用的木料必须为柏木，且木心为黄心。"题凑"指棺材的木料从里面看端头皆朝向内。由此不难想象，当时自诩功劳大过三皇五帝的秦始皇不可能不用这种可以显示自己特殊地位的最高丧葬方式而改用其他，如果真

秦陵地宫展览馆中的秦始皇棺椁

是这样，那么秦始皇棺材用的是何材料就不说自明了。

秦始皇陵地宫内到底设有几道门

秦始皇陵被视为中国伟大的历史遗迹，它和古埃及的金字塔有着颇多的相似之处，也同样给后人留下了诸多未解谜团，2002年时，考古学家试图利用机器人来探出埃及金字塔内部空间究竟是怎样的，但在机器人越过第一道石门不久，即被塔内的第二道石门所阻拦，探测金字塔内部空间的计划也不得不暂且搁浅，同时世人也不难想象出，庞大的金字塔内不可能仅有两道石门，在它内部结构的深处，极可能还隐藏着第三道门、第四道门……那么，和埃及金字塔有着诸多相似之处的秦始皇陵地宫内又藏有几道门呢？《史记》中就有较明确的记载，《史记》载："大事毕，已藏，闭中羡，下外羡门，尽闭工匠藏，无复出者。"意思是修筑地宫的工程完工了，地宫的中门便自动关合了，随葬品及当时正在中门内忙碌的工匠们也和秦始皇的棺材一起被永远地留在了地宫内。由此可知，地宫内有三道门，且根据"闭中羡，下外羡门"可推测出，中门极可能是横着镶嵌在两壁的夹槽中的，自动闭合后将无法开启，第三道门可能和中门结构功能相似，而最外面一道门则是自上而下设计的。如此，秦始皇陵内几道门便一清二楚了。

秦始皇陵地宫内真的装有自动发射弩吗

秦始皇陵地宫内装有可以自动射出的暗器，以防止盗墓贼的入侵。这在今人看来似乎是一件不大可能和充满神秘色彩的事情。

但通过对秦始皇陵的深度了解，以及从地宫内深布的水银和千年不锈不折的铜剑来分析，秦始皇陵地宫内装有设备先进的弓弩，也在情理之中。

中国古代盛兴的陪葬制度给了盗墓者们以可乘之机，但在当时作为一代帝王的秦始皇肯定对此也早有防范之心。《史记》中就曾记载："令匠作机弩矢，有所穿进者辄射之。"意思是秦始皇曾让工匠在地宫内装了可以自动发射的暗弩，如果有盗墓者闯入，触动机关，弓弩将自动发射，将人迅速置于死地。如果《史记》中所载属实的话，那么可以得出秦始皇地宫内所装的暗弩乃是中国古代有记载的最早的自动防盗武器。至于为何2000多年前的秦人会有如此智慧和高超的技术，这样的疑问，在发掘地宫的过程中已出现过多次，这也是待后人解决的一大谜团之一。

秦始皇的遗体是否保存完好

秦始皇作为不可一世的一代帝王，在生前拥有无限的权力和至高无上的尊崇。而在他死后他的尸体是否被完好保存了下来呢？这曾引起了无数人们的猜测。

20世纪70年代，长沙马王堆汉墓"不腐女尸"的出土，让全世界为之震惊。所出土的"女尸"不仅保存完好，皮肤富有弹性，且个别关节甚至还可转动，手足上的纹路亦清晰可见。那么，汉代和秦代相距不足百年，从客观上来看，秦始皇时似乎已具备了将尸体完好保存下来的技术条件。但据史料记载，秦始皇是死于第五次出巡的途中。当时正值七月暑天，而从当时秦始皇病故的地点（沙丘行宫）到达首都咸阳，直到九月才到，如此炎热的天气，如何保证尸体完好无损呢（前面所说的尸体完好保存之术，是指在人刚死时便入棺做好一切防腐准备）。据说，行至途中，因当时尸体已腐烂变臭，而秦始皇的随行人员怕秦始皇去世的消息泄露，便命人从河中捞了很多鲍鱼和尸体放在一块，以掩盖秦始皇尸体所发出的臭味。

如此可知秦始皇死后尸体并未随即下葬，而是过了两个月左右才入棺，根据现代的医学知识可知，两个月的时间尸体必腐无疑，更何况还是在炎热的夏季。据此或可推测秦始皇遗体保存完好的可能性微乎其微。

囿于目前的考古条件，加之上述的几大谜团对于无限神秘的秦始皇地宫来讲只是冰山一角，但我们相信，随着人们对秦陵地宫研究的深入和现代探测技术的发展，终有一天秦陵地宫将彻底揭下它神秘的面纱，将它真实的面貌呈现在世人面前，到那时，所有围绕它的未解和未发现之谜都可迎刃而解。

秦陵地宫展览馆中的秦始皇遗体模拟展览

汉武帝茂陵为何被称为"中国的金字塔"

茂陵是汉武帝刘彻的陵墓，位于西安市兴平县（现为兴平市）城东北南位乡茂陵村（古时的咸阳塬上），为国家重点文物保护单位。

公元前139年，汉武帝刘彻命人开始建造茂陵，历时53年，公元前87

年终于得以完成。

自公元前206年刘邦建立汉朝以来,至公元9年,西汉王朝共经历了11代帝王,而其中有9位死后都葬在了富饶的咸阳塬上。在这9座帝王的陵墓中,规模最大的则要属汉武帝刘彻的茂陵了,其或可与享誉中外的秦始皇陵相提并论,被称为"中国的金字塔"。

汉武帝茂陵

茂陵规模庞大,形状为覆斗形,尽显陵墓的庄严稳重。陵墓高约46.5米,总占地面积计约56878平方米。据《关中记》载,"汉诸陵皆高12丈,方120丈,惟茂陵高14丈,方140丈。"经现代技术测量,发现实际数字与所记录的相差无几。除南面外三面土阙尚存,陵墓周围还有李夫人、卫青、霍去病等人的陪葬墓。加上其余8位帝王的陵墓,浩浩荡荡,自西向东依次排列而去,气势好不壮观雄伟。

据《晋书·索绋传》载:"汉天子即位一年而为陵,天下贡赋三分之一,一供山庙,一供宾客,一充山陵。"意思是说汉武帝几乎动用了全国赋税的三分之一用于修建陵园和购买陪葬物品,而且在动工修建陵墓时,还从各地招募了工匠、技师约3000余人,足可见工程的浩大。

《西京杂记》记载:"汉帝送死皆珠襦玉匣,匣形如铠甲,连以金缕。匣上皆镂为蛟龙弯凤鱼麟之像,世谓为蛟龙玉匣。"这段话形象地描述了汉武帝死后下葬之时所穿的衣服是何等的华贵。

除此之外,汉武帝的棺椁也非常讲究。棺宫为五棺二椁,其中,五层棺木放于墓室正中的棺床上,五棺所用木料均是质地坚硬、耐潮湿及防腐作用极强的楸、梓和楠木。而墓室的后面部分为两层椁室,内层是由扁平立木叠成的"门"形,外层是黄肠题凑("以柏木黄心,致累棺外,故曰黄肠。木料皆内向,故曰题凑")的建筑。

不仅如此,墓葬内还试图模仿活人起居生活所拥有的一切,如墓室内建有便房（就是厕所）。当然，生前所食、所用及用于佩戴的珍宝首饰自然是少不了的（我们知道，汉武帝刘彻是一位具有雄才大略的古代帝王，在他治理国家时期，国内一片繁荣兴旺之象，无论是在政治还是经济上都达到了空前的高度，基本奠定了中华民族的疆域空间，"汉人"之说便是由那时而来）。据《汉书·贡禹传》云："武帝弃天下，霍光专事，妄多藏金钱财物，鸟兽钱鳖牛马虎豹生禽，凡为九十物，尽瘗藏之。"《新唐书·虞世南传》也记载道："武帝历年长久，比葬，陵中不复容物。"这足以说明茂陵地宫内所藏奇珍异宝数量之巨，不仅有高达200种的陪葬品，甚至连活的珍禽异兽亦囊括其列。此外，据其他史料载，墓中还有别国所赠武帝的玉箱、玉仗及武帝生前所读经卷书籍等都一并埋入地宫。

以上种种，我们或可明白茂陵被称为"中国的金字塔"，确是有着其他陵墓不同凡响之处的。

汉武帝茂陵中都出土了哪些国宝

汉武帝茂陵中所藏宝物种类、数量之多，令今人咋舌，以致达到了"比葬，陵中不复容物"的程度，意思是陵墓地宫虽然大，但里面的宝物却是多得再也塞不进了。

由于汉武帝当政时期，国家经济处于鼎盛，所以茂陵随葬品很多，除有大量珍宝外，甚至连活的牛马、虎豹、鱼鳖、飞禽等也一起葬入。另有史料记载，别国赠予汉武帝的玉箱、玉杖及其生前阅读的30卷经卷也被装进一个金箱内一并陪葬于墓中。后因墓中宝物多得塞不进了，只好将大量葬品放在陵园内。西汉末年，全

茂陵出土的鎏金铜马

国爆发大规模农民起义，茂陵于此时遭到破坏，当时大量起义军打开陵园羡瘗，涌入园内搬运宝物，但由于宝物太多，搬了几十天，还没搬走陵园内宝物的一半，足可见宝物之多。

茂陵在历史上虽屡次被盗，但在新中国成立后，所发现的文物仍达几千件，其中国家三级以上的文物珍品有400多件，国家一级文物有4件，分别为鎏金马、鎏金银高擎竹节熏炉、错金银铜犀尊、四神纹玉雕铺首。鎏金马以西汉大宛国的汗血宝马为原型精制而成。马的造型栩栩如生，马体比例均匀，体态矫健，四腿直立，凸显出马的沉稳造型；马通体鎏金，华贵大气之感油然而生。《史记》中更是将其誉之为金马。鎏金银高擎竹节熏炉与鎏金马同时被发现，其炉盖口外侧和底座圈足外侧均刻有铭文，观之熏炉的炉盖好似层层山峦，当"山峦"之上香烟袅袅之时，定是一幅山色飘渺，亦真亦幻，仿若身处仙境之象。错金银铜犀尊则制作极为精美，对犀牛的刻画也十分逼真生动，是西汉时期雕刻工艺用于写实方面的完美体现。四神纹玉雕铺首是一件制作极为精制的蓝田玉工艺品，雕刻工艺精美，线条刚柔相济，其上分别刻有青龙、白虎、朱雀和玄武四神像，图案形象给人以庄严肃穆之感。

此外，在属于茂陵陪葬墓的霍青墓中还发现了一批雕刻精美、形神兼备的石刻，这些石刻雕刻手法简练，气势雄浑，是我国最早、最大且最完整的大型石刻群，有着极高的艺术价值。这些石刻包括马踏匈奴、卧马、跃马、石人、伏虎、卧象、卧牛、人抱熊、怪兽吞羊、野猪、鱼等15件，充分体现了汉初雕刻艺术的精湛，其中的马踏匈奴等石刻被国家文物局列为"国宝"级文物。

元斡尔垛遗址中竟然出土了"幻方"

元斡尔垛遗址位于西安市东郊秦孟社村石家街仓库，为元代安西王府遗址。在出土遗址的过程中，考古人员意外发现了5块刻有6行6列阿拉伯数字的铁板。这5块铁板形状、大小均相同，上面均刻有阿拉伯数字，且神奇的是，这些数字无论是竖着还是横着抑或沿对角线相加，最后结果都相同，在经我国当时著名考古学家夏鼐先生研究后，认为其是阿拉伯数字码幻方，在古代又被称为"魔方"或"纵横图"。

幻方是指在一个由若干个排列整齐的数字组成的正方形中，使每行、每列，以及各对角线上的几个数字相加的和都相同。后经考古学家进一步研究发现，此次出土的5块刻有阿拉伯数字的"幻方"为公元1278年扎马鲁丁为安西王推算历法期间所制。扎马鲁丁是元朝著名的天文学家，波斯人，于宋末元初时来到中国。他以制造天文仪器及编纂修历法闻名于世，为中国天文历法方面的发展做出了重要贡献。

公元1272年，忽必烈的第三个儿子忙哥剌来到西安，奉命镇守关陇河西地区，是为安西王。由于当时的关中地区是中原与西域交通往来的要道，所以居住在这里的伊斯兰人很多，忙哥剌为了迎合他们的习俗，便命当时主管国家天文历法的司天监扎马鲁丁特别推算编写出伊斯兰教历，来给当地伊斯兰人用。这五块幻方，就是扎马鲁丁此期间的杰作。

唐朝共有21位皇帝，为何西安只有唐十八陵

唐朝自唐高祖李渊建国（公元618年），至公元907年灭亡，先后共经历290年，历经21位皇帝，而除了唐末的昭宗李晔葬于河南偃师和哀帝李柷葬于山东菏泽外，其他19位皇帝的陵墓（武则天和唐高宗合葬）都建在了西安城附近。

唐十八陵

这18座陵墓分别是：高祖李渊的献陵，太宗李世民的昭陵，高宗李治和女皇武则天的乾陵，中宗李显的定陵，睿宗李旦的桥陵，玄宗李隆基的泰陵，肃宗李亨的建陵，代宗李豫的元陵，德宗李适的崇陵，顺宗李诵的丰陵，宪宗李纯的景陵，穆宗李恒的光陵，敬宗李湛的庄陵，文宗李昂的章陵，武宗李炎的端陵，宣宗李忱的贞陵，懿宗李漼的简陵，僖宗李儇的靖陵。这18座陵墓，自西向东形成一个扇面，连绵不绝地组成了阵势颇为壮观的"关中唐十八陵"，不仅在当下的中国甚至全世界来说，都是一大奇观。

那么昭宗李晔和哀帝李柷为何没能葬于象征李家王朝的唐陵内呢？这是和他们所处的历史背景分不开的。

昭宗李晔是唐朝的倒数第二位皇帝，他即位之时，大唐王朝已经走向了暮年，难掩其气数将尽之象。此时，全国各地起义不断，朝廷政事又被宦官所控制，唐王朝的皇帝权力其实已被架空，完全没有了一点帝王之气。空有一番治国之心的昭宗也只能暗自哀叹。他一度成为各地藩王间争夺权势地盘的棋子，在失去利用价值之后，在洛阳被朱温的手下杀害，死后葬于河南偃师和陵。

哀帝李柷为昭宗之子，这位唐王朝的最后一位帝王的命运与他父亲比起来更惨。他即位之后，同样成为宦官、藩王们争权夺利的政治筹码，在李柷被降为济阴王迁于山东菏泽不久后，朱温用毒酒将其毒死。其死后被葬于菏泽温陵。

唐献陵是如何选址的

唐献陵是唐高宗李渊的陵墓，陵墓位于陕西省西安市三原县东不远的徐木原上。

关于李渊死后为何葬于此处，还有一个传说。

相传，隋朝末年，李渊奉命去山西太原任职。他一路骑白马自西安北去，当来到徐木原南边原下的徐木乡朱家湾村时，天色已晚，且人困马乏，李渊便命令部队停下歇息。手下人准备生火做饭，但是四下找不到水取用。正当大家又渴又饿之时，只见李渊平时所骑的白马用两个前蹄在地上使劲刨着什么，李渊和手下人都觉好奇，便围拢来观看，发现地上白马所刨之处出现了一大一小两个土坑，在离两个坑

唐献陵

不远的地方涌出一股清泉，不停往两个坑里注水，只一会儿工夫，两个坑里便是清水汪汪了。众人看后都觉得神奇，纷纷议论说此处乃风水宝地，是有灵性的地方，李渊心中也有同感，再抬头望着周围的茂密森林和山势起伏的徐木原，由衷地说："将来我百年之后就长眠于此吧。"

公元618年，李渊称帝，公元626年，其二子李世民发动"玄武门之变"后登临天子之位，即唐太宗。公元635年，李渊逝世，太宗便遵其遗愿，将其葬在了当年的徐木原上。

唐昭陵是由谁设计建造的

昭陵是唐太宗李世民的陵墓，位于礼泉县东北不远处的九嵕山上，是唐十八陵中规模最大的一座。昭陵的建造完全摒弃了以往皇家陵园的建筑风格，既不依循秦汉以来的坐西朝东样式，也未按照南北朝时期的"潜葬"之制，它的建造格局开陵墓建造的先河，按照当时的皇城西安的建筑格局所建。

长安城由宫城、皇城和外郭组成。宫城居长安城北部的中央，是天

子居住的地方。皇城居于宫城的南边，是百官办公的地方。外郭城就像个忠诚的卫士一样，从三个方向护卫着皇城和宫城，也是居民的生活区。而昭陵的陵寝也在整个陵园的最北边，好像长安城的宫城。建成后的唐昭陵规模异常宏大，周围的陪葬墓就达180多座，被誉为"天下第一陵"。

唐昭陵

这样独树一帜的陵墓建造风格的设计者为唐时著名的建筑家和美术家阎立德和阎立本兄弟。

阎立德，唐代著名的建筑家和工艺美术家、画家，名让，曾担任将作大匠（掌管宫室修建的官职）、工部尚书等职，主要建筑作品和绘画作品分别有唐昭陵、"古帝王"图等。阎立本，唐代画家，亦颇有政治才干，曾官至宰相，代表作品有"历代帝王图""步辇图"等。两人均是才华横溢之人，但所擅长的领域略有不同。阎立德尤擅长建筑，而阎立本在绘画方面的天赋在当时的唐朝则无人能及。两人在奉命设计建造昭陵的过程中，取长补短，充分发挥己之所长，让昭陵的建造接近完美，赢得后世颇多赞誉。

唐乾陵里为何埋葬了两位皇帝

唐乾陵是唐高宗李治和武则天的合葬墓。公元683年，武则天下令建造乾陵；次年8月，李治死后葬于此。公元706年，唐中宗李显下令将武则天同其父葬于一处。

武则天被尊为一代女皇，按理说是完全有理由以皇帝的名号独葬于帝王陵中的，但她为什么却偏偏选择了和其夫李治葬于一处呢？

在武则天当政的后期，各种被压制的矛盾随着她对朝政控制力的减弱而迅速显露出来。当她费尽心机终于将皇位的继承人敲定之后，年迈且身心俱疲的她就久养于宫中，疏理朝政，如此便给了侍奉她于左右的两个男宠张昌宗、张易之以可乘之机，二人仗着武则天的娇纵，一时肆无忌惮起来，竟开始插手朝政。他们不光设计谋陷害宰相魏元忠，还和众大臣结怨，如此一来，不仅让武则天早已打好的算盘落了空，还引起朝臣共愤。公元705年，凤阁侍郎张柬之、桓彦范、崔玄、敬晖等人联合大将军李多祚等人发动政变，杀死二张，逼迫武则天退位，将江山重还大唐李室。武则天见自己大势已去，无奈只好顺应时势，自削帝号，称自己为"天大圣皇后"。同年11月，武则天逝世，李室王朝的后人们便依她死前的"皇后"身份将其安葬，这样，按照祖制，她就理所当然地要与其夫高宗李治葬在一处了。

唐乾陵

唐桥陵的主人为何两次登基做皇帝

唐桥陵是唐睿宗李旦的陵寝。

唐睿宗李旦在唐朝的历代皇帝中算是经历比较特殊的一个，他一生曾两度登基，三让天下。公元683年，武则天三子李显继皇帝之位，是为唐中宗。李显当皇帝后，由于其软弱无能，朝政亦被武则天把持。后其曾试图通过重用韦皇后家族成员来达到让自己掌握实权的目的。他欲立韦皇后的父亲韦元贞为宰相，但被裴炎劝诫无效后告知武则天，武则天得知后大怒，于公元684年初将李显废为庐陵王，在将李显贬出长安

城的第二天，李旦便遵照母命继皇帝位，是为唐睿宗。即位后的李旦更无半点实质权力可言，甚至都不能上朝参政，一切均由武则天控制，这时的睿宗是一个实实在在的傀儡皇帝。公元690年，当武则天的政治经营已呈不可阻挡之势时，无可奈何的睿宗也只能顺应形势，和群臣一起上表奏请武则天改朝换代，并赐自己武姓。

公元710年，太平公主和李隆基等联合起来发动宫廷政变，诛杀了韦后等众党羽，拥立睿宗为帝。在其即位后的第二个月，就以三子隆基在诛杀韦后中立有大功为由，立李隆基为太子。公元712元，距自己二次登基仅两年多的睿宗再次发扬了"善让"的精神，将皇位传给了太子李隆基，自己则做起了"太上皇"。

在诡异多变的政治斗争中，睿宗每次都能适时地发扬自己恭谦善让的风格而躲过重重政治危险，最终安然无恙。据此，有史学家曾评论说，睿宗在躲避政治灾难中有着超出一般人的本领。

唐泰陵的整体设计真的与长安城很相似吗

唐泰陵为唐玄宗李隆基的陵墓，位于陕西省蒲城县东北五龙山余脉金粟山南。其建筑形制是典型的大唐皇陵风格，陵墓大气磅礴，布局仿照长安城所建。

泰陵规模宏大，陵内封地达38公里，是十八皇陵中最大的。整个陵墓的布局分内、外两层，以玄宫为陵区的中心，在四周依山势建造陵墙。这种设计方式像极了当时的首都长安城。陵墓于内城四周又分别设有朱雀门（南门）、玄武门（北门）、青龙门（东华门）和白虎门（西华门）四个门。在中门和陵墓的四个角上又分别建造有门阙、角阙，地面建筑连绵有序，依序建有献殿、下宫、阙楼和陵署等。陵区内树木郁郁葱葱，环境优雅肃静。

泰陵石刻最为有名，是唐中期石刻的代表，现存的有华表、天马、鸵鸟、石翁仲、石狮等。这些石刻与盛唐时的石刻相比，虽然雕刻手法上已由盛唐时的大气磅礴变得渐趋缓和，石刻体积也有所变小，但是其气势却丝毫不逊于盛唐时期的陵墓雕刻。如保存至今的泰陵翼马（翼马在古代是一种可通达阴界和仙界的灵物），其矫健的体态和雄雄英姿，无不显露出唐陵石刻的巅峰之势。泰陵翁仲，文官儒雅从容，武将威风凛凛，更将大唐风姿一展无余。

唐泰陵

埋葬着一代帝王的泰陵虽然在岁月的长河中屡遭战火破坏，尤其在唐末朱温篡政期间，泰陵所遭破坏更甚。在北宋初年，宋太祖曾下令重修泰陵，并建玄宗庙。在清时又曾得以修葺，还在朱雀门外立了一块刻有"唐玄宗泰陵"五个大字的石碑，至今尚存。但在新中国成立后，饱受劫难的泰陵又分别在"大跃进"和"文化大革命"期间再度被破坏。直到改革开放后，对泰陵的保护和修复工作才正式启动，泰陵终得新生。

您听过唐崇陵石马泣血的故事吗

唐崇陵位于西安咸阳城北泾阳县蒋路乡的嵯峨山南麓，为唐德宗李适的陵墓。

在崇陵神道南端两侧高大的石柱后，静静矗立着两尊石马，像两个忠诚的卫士一样守护着崇陵。

据说，唐崇陵的石马非常神秘，每天清晨，它们的眼睛里都会流出红颜色的像血一样的东西，人们看了，仿佛是马的眼睛在往外流血，由此，有关崇陵石马泣血传说的种种版本便传播开来。

有说是石马眼里流血是因为它们曾常年陪主人南征北战，立过赫赫战功，而如今却变作了石马，只能静静地立于陵墓的两旁，想起当年的峥嵘岁月，因无法忍受现在的冷落寂寥，早已通灵性的马儿便只能每天在清晨清冷的空气里伤心地流下血泪。

还有一种说法是石马因德宗的宽厚仁慈而落泪。德宗皇帝在位时，虽然在政事上没有什么作为，但他却心性善良慈悲，曾饶恕了假冒其母的老妇人，最后因

唐崇陵

自己的儿子李诵突患中风变为哑巴，悲伤过度而死。德宗的仁慈重情在当时为争夺权力而经常互相残杀的皇室中显得尤为可贵，就连两个终年伫立于其陵墓左右的石马都感动得流下了"血泪"。

最后一说是，石马流泪，是因为看到了与它们一样静立在神道旁的其他的石刻雕像无一完整，不是缺了胳膊就是少了腿，看到它们，想想自己有一天会不会也和它们一样，便悲从中来，流下了兔死狐悲般的眼泪。

石马的眼里会流"泪"在古代之所以被传得神乎其神，其实是和当时的客观条件分不开的，古代封建社会由于科学技术不发达，无法解释一些自然现象，所以人们就编出各种各样的故事、传说来自圆其说，这表现出了古人对自然界的敬畏之情。石马的眼里之所以会流"泪"，用现在科学的解释就是，石马雕刻所用的材料里含有铁等矿物质，这些矿物质在遭受雨水或潮气的侵蚀后，发生化学反应就会变成红色。

唐昭陵的选址有何玄机

唐昭陵位于陕西省礼泉县城西北不远处的九嵕山上，系凿山而建，

是唐代封建帝王靠山建陵的第一例。

昭陵依山而建据说和唐太宗的妻子文德皇后有关。

文德皇后即史上以保忠臣、明事理而闻名的长孙皇后，她生前深得太宗宠爱，夫妻关系甚笃。在其临死前，曾告诫太宗要俭薄，说："今死，不可厚费。且葬者，藏也，欲人之不见。自古圣贤皆崇俭薄，惟无道之世，大起山陵，劳费天下，为有识者笑。但请因山而葬，不须起坟，无用棺椁，所须器服，皆以木瓦，俭薄送终，则是不忘妾也。"于是，在其死后，太宗便将其葬于依山而建的昭陵内。在太宗为文德皇后所撰写的碑文上刻有："皇后节俭，遗言薄葬，以为'盗贼之心，止求珍货，既无珍货，复何所求'，朕之本志，亦复如此。王者以天下为家，何必物在陵中，乃为已有。今因九嵕山为陵，不藏金玉、人马、器皿，用土木形具而已，庶几好盗息心，存没无累。"从这段话可以看出，所谓的俭薄不如说是为了防盗。这里的"朕之本志，亦复如此"也说明了将二人的陵墓选在九嵕山上，其实最初的决定者是唐太宗本人，只不过是文德皇后先于他而死，并在死前说出了他的决定而已。九嵕山的山势高大雄伟，陵墓穿山而凿，一来可以防水防盗。二来陵墓背面环有山水，左、右两侧山势较低，使昭陵可以依附牢固，并凸显出昭陵的气势宏伟，这正好象征了帝王地位的至高无上。再者，陵墓前面地势开阔平坦，则象征了国家平平安安，万民团结之象。以上几点，足可看出昭陵建造的位置，真乃风水绝佳之地。大唐三百年的兴盛，恐怕离不开昭陵的庇护吧。

简陵是安葬谁的陵墓

简陵位于富平县西北三十公里长春乡紫金山（又名虎头山）上，而唐懿宗的陵寝就在其主峰之下。

唐懿宗名为李漼，是以皇太叔之位而登基为帝的宣宗长子，母亲是晁皇后。李漼本为郓王，大中十三年（公元859年）8月被宦官拥立为帝，时年21岁。他在位15年，把其父辛苦经营起来的唐朝中兴之象破坏得体无完肤。

其实宣宗本来所立的太子是第三子夔王李滋，但是，左神策护军中尉宦官王宗实发动宫廷政变之后，杀掉了李滋，并迎立宣宗长子李漼为帝。此时唐朝政治衰败，经济萧条，众臣也黯弱无能，便承认了既定事实。但懿宗即位后整日斗鸡走狗、寻欢作乐、荒怠政事，却又崇信佛教，常常亲自唱经，并亲迎佛骨。虽

唐简陵

然虔诚的善男信女都结彩欢迎，念经之声惊天动地；但其在位期间，边境连年动乱，几经镇压，以致国力耗空。

唐懿宗是唐朝最后一个在长安平安度过帝王生涯的皇帝，但其在位15年，骄奢淫逸，不思进取，更宠信宦官，为之后的朝野埋下了非常危险的种子。而他自己也在穷奢极欲中病死，终年41岁，并葬于简陵。

李漼做皇帝时乱七八糟，而死后入葬的简陵也陵如其名，简陋不昌。不仅陪葬墓几乎没有，而且陵墓附近的石刻也稀松残破，并无可点之处。

靖陵是末代唐陵吗

靖陵位于陕西咸阳城西北外8公里，是唐僖宗李儇的陵墓，也是最晚建成的西安唐十八陵。然而这座陵墓多次被盗，且墓内的壁画损失惨重，所剩不及原先的三分之一。虽然其艺术水平远低于盛唐时期，但仍被"抢救型考古发掘"，是目前第一座被考古发掘的唐朝帝王陵。

其实唐僖宗李儇也是一位荒淫的昏君，正如他的父皇唐懿宗李漼一样。当时李漼忧患病死，宦官田令孜、刘行深、韩文约等选择了年仅

12岁的唐懿宗第五子普王李儇为皇帝继承人。李儇也因此将政事交由这些宦臣执理,更称田令孜为阿父,自己却沉湎声色之中,而乐于斗鸡走狗。日昏月聩之下,终于在乾符元年(公元874年)爆发了大规模的黄巢起义。长安亦于公元880年失陷,而僖宗在宦官田令孜的陪同下,学习玄宗,匆匆忙忙而逃往四川,历时五载,才终回长安。但此时的唐王朝已经在农民起义的冲击下分崩离析,名存实亡。而唐僖宗自己也于文德元年(公元888年)病死于一片哀叹声中。

其实哪座帝陵会修在气象万千的乾陵附近?至少出于对先祖的敬畏也不至于此。然而虽然在兵荒马乱、暮日夕阳之下的年代,作为一国之君的墓穴,怎么就沦落到随便选地而仓仓促促一建呢?相对于旁边的乾陵而言,已经被发掘的靖陵,其筑造之粗糙,甚至要用乾陵陪葬墓的石碑改制而成棺床,实在匪夷所思,然而亦在情理之中。

以乾陵之盛而论靖陵之衰,虽然二陵相距不及数里,年代不足两百,但盛衰之理,却确实可从中窥见一二,不亦悲哉。

顺陵所葬并非帝王吗

顺陵位于咸阳城东北20公里,唐时称为洪渎原之处。这里并非安葬着某位帝王,而是一位母亲。而这位母亲,便是中国著名女皇武则天之母杨氏。杨氏死于唐朝咸亨元年(公元670年),本以王礼安葬;但天授元年(公元690年),其女武则天称帝,所以被追封为孝明高皇后,这才改墓为陵,遵帝制。如今是全国重点文物保护单位。

杨氏生前是太原王妃,以92岁高

唐顺陵内景

龄终年。武则天即位后，于永昌元年（公元689年）尊母为忠孝太后，改墓为明义陵；天授元年九月又追尊为孝明高皇后，陵墓也改称为顺陵。

唐朝陵墓之外多有石刻，顺陵也不例外。现在陵园内仍有石刻34件，大多列置陵前，有华表、独角兽、石狮、石人、石羊等；而陵后只有石狮、石马。东、西两侧有石狮。这些石刻均由整块青石雕刻而成，工艺精湛，形象逼真，兼以线雕花纹而为石座，姿态逼真。其中尤以陵前的独角兽和走狮为个中精品。

石刻走狮的体积巨大，造型雄伟，虽为石刻，却有阔步缓行的姿态，更添磅礴，威武有力。

独角兽又名天禄，是个"四不像"。其头为鹿，其身以牛，其蹄作马，尾垂石座，更兼有双翅。因翅以飞升，所以上雕卷云，花纹精美。天禄本为瑞兽，又名"天鹿"，俗称"独角兽"。而《汉书》中更称之以"獬豸"，是主刑罚的异兽。所以此像昂首端立，神态镇静而威猛。也因此，唐陵之中多有此物，是顺陵所刻的体型最大，也最为生动的石刻。顺陵天禄位于陵前神道两侧，共两尊。

此外，陵园西南有东、西并列的两座土冢，且西面的一座已被发掘，有篆书和一块苏府君墓志铭盖出土；而东面的一座早已塌陷，亦于1984年出土了《大唐故光禄大夫工部尚书使持节都荆州刺史驸马都尉上柱国莘安公窦府君墓志铭》一合。

因为武皇则天在位15年并非很长，且死后与高宗合葬于乾陵，加之武皇其母并非真帝，所以并无多少陪葬墓。

您听说过西安也有明十三陵吗

说起明十三陵，人们都会想到位于北京昌平区燕山山麓天寿山上的规模宏大的明十三陵，而可能很少有人会知道在西安也有明十三陵，其就位于长安区的少陵塬上，但无论是从名气还是规模上来看都远不及北京的十三陵，且是被人们偶然发现的，更加令人遗憾的是，现在西安的明十三陵已是一片衰败之景，多处已遭破坏，保留至今的仅是一些隐没在村舍农家或田园废墟中的石刻，在无奈地向人们述说着它们曾经的规模和所代表的皇家气派。

北京的明十三陵里埋葬的是明朝的十三位皇帝，而西安的明十三陵里埋葬的则是大明开国皇帝朱元璋的第二个儿子朱樉和他的子孙。在明朝，西安共经历了十四代明王，除最后一位朱存枢在李自成攻破西安时投降被俘不知所踪外，其余十三位全部葬在这里，遂有西安十三陵。

西安明十三陵

朱樉是朱元璋的第二个儿子，史称秦王。在1378年被太祖朱元璋派去驻守西安，由于其位高权重，又手握重兵，把守通往边疆重地，故有"天下第一藩"的美称。朱樉在西安为王共17年，于1395年去世后，人们便将其葬于长安区的少陵塬上，其后代共12位，死后亦都葬于此处，也就有了今人所看到的西安明十三陵。

老子墓里只有一块头盖骨吗

老子墓位于陕西省西安市周至县楼观台西五华里之大陵山，具体位置在就峪口就峪河西岸，是座依山为陵的墓葬。东距古都西安70公里，距周至县城13公里。

老子墓自然葬的是老子，他姓李，名耳，亦称老聃，号老子，生卒不详，是我国周代大思想家、哲学家、道家学派创始人，本是楚国苦县（今河南省鹿邑县太清宫镇）人，并做过周朝管理藏书的史官。孔子也曾向他问礼。后来周朝衰落，世风不再，故离朝隐于终南山之楼观台，著有《道德经》五千言，并于此羽化升天。其《道德经》所言之"道"否定神造世界，认为一切万物的生成变化都是有和无的统一，而"无"是最基本的。

老子墓

所以楼观台便成了老子文化的发祥地，并被尊为道教祖庭圣地。故而历代名人多有来此拜谒的，比如唐时来此作诗的玄宗李隆基、岑参、温庭筠等；宋时特来赏雪的苏东坡、王禹、薛周等；明时于此苦读而中状元的康海等，在此间供人饮水的山泉至今仍叫状元泉；而清乾隆时的著名学者、陕西巡抚毕沅，历游陕西诸名胜，曾亲题"周老子墓碑"立于其前。

传说老子的头盖骨藏于一方石函之中，而此函则葬于大陵山山顶的"吾老洞"之中。明万历四年间的《重修吾老洞碑》之碑额就有"终南福地"四字，而洞额之上亦嵌有汉白玉匾一块，上镌"吾老洞"字样。虽然多年来探险者众多，但其洞深不可测，且洞中阴风甚大，所以均为其阻而未成。但洞内东侧有"藏丹神洞"石刻，亦供有一尊明代的老子石像。其洞外之侧则是老子祠遗址，于唐初始建，规模甚巨，香火亦盛，后毁于北宋时山火，明代重建，清时复修，可惜"文革"时被毁。近年虽有再建，但规模甚小。

老子墓依山傍水，其间茂林修竹，不仅自然景观奇特，人文景观亦因年代久远而多有积累。且此地温泉资源丰富，是休闲度假、疗养避暑的胜地。

每年农历二月十五日的老子诞辰，均有大批信众游客云集此地，其供奉祭祀老子的大蜡、纸火队伍连绵十数里，蔚为壮观。

是谁被曹操拿金璧赎回来的

蔡文姬的墓位于陕西省西安市蓝田县境内，是陕西省重点文物保护单位。

蔡文姬，名琰，是东汉大文学家蔡邕之女，也是中国历史上著名的才女和文学家，天文数理，无所不精；诗词歌赋，无所不能；更颇擅辩才与音律。代表作有《胡笳十八拍》《悲愤诗》等。

可惜可恨，东汉末年，董卓死后，其部将毁乱长安，羌胡番兵也乘机掳掠中原一带。在"马边悬男头，马后载妇女"的胡兵押送下，蔡文姬与许多被掳来的妇女，一齐被带到南匈奴，一停，便是十二年。

转机的出现，是因为曹操想起了她。此时的曹操，已经位列宰相，挟天子以令诸侯，雄踞北国，更待一扫荆襄，兼并江东，环吞宇内。志得意满之时，他却得知蔡邕之女被掳到了南匈奴，自然立即派使者，携带黄金千两，白璧一双，玉帛万匹，要把她赎回来。

蔡文姬此时已嫁给左贤王，并育有二子，突然有汉使来迎她回国，一时竟分不清是悲是喜，只觉得柔肠寸断。在回汉的途中，她触景伤情，感怀身世，从而留下了动人心魄的《胡笳十八拍》。

有人认为，特别钟爱别人老婆的曹操，在他自己觉得霸业即成的时候，不惜金璧玉帛而赎回一个蔡文姬，他们二人之间一定存在着什么难以忘怀的情感；也有人认为，曹操之所以赎回蔡文姬，是因为她是曹操昔日故友蔡邕之女，此举说明曹操重情义负责任；还有人说，曹操雄才大略，完全是因为蔡文姬的才情而赎回她的；文化大师郭沫若先生则认为："从蔡文姬的一生可以看出曹操的伟大。是曹操把她拯救了的。他之所以赎回文姬……并不是纯粹地出于私人感情。"

发掘姜寨遗址最重要的收获是什么

姜寨遗址,是一个位于中国黄河中游,在新石器时代以仰韶文化为主的遗址。位于陕西省临潼县城北,是迄今中国新石器时代聚落遗址中,发掘面积最大的一处。

该遗址的仰韶文化堆积由下到上依次为:半坡类型、史家类型、庙底沟类型和半坡晚期类型(或称西王村类型)。经过放射性碳素断代并经校正,半坡类型的年代为公元前4600—公元前4400年,史家类型为公元前3690年,而遗址的最上层,还有少量的陕西龙山文化遗存。

姜寨遗址模型

姜寨遗址具有仰韶和龙山两种文化特征,其持续时间之长、规模之大是罕见的。这为研究当时的社会性质、社会组织、生产技术、家庭婚姻制度、社会生产状况及解决新石器时代关中地区仰韶文化的发展序列问题,都提供了宝贵资料,而且此处遗址保存之完好、布局之清晰是前所未有的,出土的大量遗迹和遗物,向我们展示了一幅丰富而且生动的原始人生活画卷。

遗址中发掘最多的,还是新石器时代的石具物品,占据第二位的则是骨质物品。除此,还意外地发现了黄铜片、黄铜管等金属物,这充分说明,早在7000年至6500年前,我们的祖先就掌握了对铜的冶炼、铸造技术,这是一件多么伟大的壮举。而磨粉砚的发现,再次把制砚技术提前了4500多年。至于刻划符号的出现,充分证明了当时的人类又向文明大大地迈进了一步。从广场中心和四个房子的结构用途看,氏族之间交往活动及氏族与氏族共同交往已经开始形成,而且从新石器时期起,人类有组织有领导的活动便进一步得到了完善。

姜寨遗址提供了充分的历史文化资料，蕴含着巨大的文化内涵，是研究人类发展史不可估量的财富。

鼎湖延寿宫遗址有何奇观

鼎湖延寿宫是汉武帝时在上林苑最东部修建的一处离宫。遗址面积约2万平方米，大多是夯土建筑基址，有成排的排水管道和散水，是陕西省重点文物保护单位，位于西安城东南蓝田县焦岱镇焦岱村。

汉武帝之所以建造鼎湖延寿宫，是为了当作他的休养之地。建元三年，汉武帝游猎于终南山，因为道远劳苦，又没什么老百姓在附近居住，就扩建上林苑，东南至蓝田宜春、鼎湖、御宿、昆吾，并横跨周至、长安、户县、兴平等县，方圆三百四十里。"苑中养百兽，天子秋冬射猎取之"，并有"离宫观七十所，皆容千乘万骑"。后来汉武帝染恙，就住在鼎湖宫养病。

在宫城的城墙基里，可以断续地见到大量古代建筑材料的堆积，其中瓦当以云纹为主，文字瓦当有"鼎湖延寿宫""长乐未央"等，具有一定的历史文化价值。

相传鼎湖延寿宫的所在地是轩辕黄帝乘龙上天的地方。传说黄帝打败蚩尤之后，在首山采炼黄铜，并且用采来的铜，在荆山下面铸鼎。鼎铸成那天，天上居然有龙下来迎接黄帝上天。黄帝于是就稳稳地骑坐在龙背上，跟随黄帝的大臣和后宫家眷也都各自找地方骑在龙身上，这样的人差不多有七十多个。大家坐好后，龙就开始飞腾而上。因为官小一点的人坐不上龙背，就都抓着龙的髯，可是龙髯居然会被拔下来，这些人就坠下来了，一同掉下来的还有黄帝的弓。百姓们就这样眼巴巴地看着黄帝和众大臣嫔妃乘龙上天去了，但还是舍不得而抱着皇帝的弓和龙髯哭号。所以后代的人就把这个地方叫作鼎湖，把皇帝遗落的弓叫作乌号。

兴庆宫原是谁的藩邸

兴庆宫,位于唐代长安城东门春明门内,属于长安外郭城的隆庆坊,是唐玄宗处理朝政,并与其爱妃杨玉环长期居住之地,号称"南内",为唐代长安"三内"之一。宫内建有兴庆殿、南熏殿、大同殿、勤政务本楼、花萼相辉楼和沉香亭等建筑物。

唐代开元、天宝年间,中原殷实富足,百姓安居乐业,四方诸国时有供奉,可谓盛世天下。唐玄宗携杨贵妃,常在兴庆宫内举行大型国务活动、文艺演出,因而在唐诗的佳作名句中屡屡出现,如脍炙人口的《清平调》,便是李白作于兴庆宫的沉香亭。

相传唐玄宗李隆基作为藩王时,和他的兄弟宋王等,都同住在长安隆庆坊,时称"五王子宅"。

兴庆宫风光

先天元年(公元712年),李隆基登上皇帝宝座,是为唐玄宗(唐明皇),为避其名讳而将隆庆坊改名兴庆坊。开元二年(公元714年),将其同父异母的四位兄弟的府邸迁往兴庆坊以西或北的邻坊,并将兴庆坊全坊改为兴庆宫。所以兴庆宫前身本是唐玄宗李隆基做藩王时的官邸。

后来兴庆宫建造了朝堂并扩大了范围,正式成为玄宗听政之所,号称"南内"。最后成形的兴庆宫共设有城门六处。朝会正殿兴庆殿坐北朝南,位于兴庆门内以北,其后为交泰殿;北门跃龙门内中轴线上,正殿为南薰殿;南部的园林区以龙池为中心,西南有花萼相辉楼、勤政务本楼等。

附　录

名胜古迹 TOP 10:

秦始皇兵马俑

秦始皇兵马俑位于陕西省临潼县,是秦始皇陵的陪葬坑。它的发现,被列为"世界第八大奇迹"。这些兵俑们形象逼真、神态迥异,一个个栩栩如生。仔细观察,发现这些兵俑虽然数量众多,但每个士兵的脸型、身材、表情、眉毛、眼睛都有不同之处,可见当时的工匠雕塑手法之高超,实在是令人叹为观止。

大雁塔

唐永徽三年,玄奘法师从天竺取经回来,带回了大量佛经,于是朝廷就修建了大雁塔,用以藏经。大雁塔是古都西安的象征,民间有"不到大雁塔,不算到西安"的说法。它作为我国现存最早、规模最大的唐代四方楼阁式砖塔,是以印度佛寺的建筑形式,随着佛教传播而东传入中原地区,并融入汉文化的典型物证,是一座凝聚了汉族劳动人民智慧结晶的标志性建筑。

杜公祠

杜公祠位于西安市长安区韦曲镇东的少陵塬畔,是唐代著名诗人杜甫的祠堂。它北倚少陵原，南临樊川，祠内草木茂盛、环境幽雅，是游人游玩的绝佳之地。杜公祠是一座四合院式的建筑，山门的建筑形制为仿唐代的砖木结构，祠内有三间祭祀灵位的大殿，殿内还供有杜甫的一尊泥塑坐像。

茂陵

茂陵是汉武帝刘彻的陵墓，位于西安市兴平县（现为兴平市）城东北南位乡茂陵村（古时的咸阳塬上），为国家重点文物保护单位。茂陵规模庞大，形状为覆斗形，尽显陵墓的庄严稳重。陵墓高约46.5米，总占地面积计约56878平方米。茂陵内还出土了鎏金马、鎏金银高擎竹节熏炉、错金银铜犀尊、四神纹玉雕铺首等大量文物。

大慈恩寺

大慈恩寺是西安著名的佛教寺院，曾是唐代长安的四大译经场之一，也是中国佛教法相唯识宗（法相宗）的祖庭。寺内有大雁塔、玄奘三藏院等古建筑，是来西安旅游必去的旅游胜地之一。

罔极寺

罔极寺位于西安市东关炮坊街路北，相传是太平公主为其母武则天祈福所建，建成后作为皇家寺院曾显赫一时。慧日法师从印度游历归来后，曾将此地作为净土宗弘法之道场。罔极寺名称的由来，取自《诗经》"欲报以德，昊天罔极"之句，"罔极"是无极、浩大的意思，即是说母亲的爱如天际般无穷无尽，是报答不完的。太平公主为母亲建寺，即是表达对母亲的无限孝思。

兴教寺

兴教寺位于西安城南约20公里处，是唐高僧玄奘死后的长眠之地。寺院建于唐670年，建成后由肃宗亲题匾额"兴教"二字，寓意兴盛佛教。在兴教寺的西跨院，有三座呈"品"字形排列的舍利塔，中间最高的一座为玄奘法师的舍利塔，左、右两侧分别是其两位弟子圆测和窥基的舍利塔。

高家大院

  高家大院位于西安市繁华的商业街上,其主体建于明代,为三院四进式砖木结构四合院。高家大院之所以备受推崇,是因为其所独有的两大价值:一是其主体为明代建筑风格,距今约有400年的历史;二是像它这样位于繁华闹市的现存古民居世所罕见。

半坡遗址

  半坡遗址位于陕西省西安市东郊灞桥区浐河东岸,是黄河流域一处典型的原始社会母系氏族公社村落遗址,属新石器时代仰韶文化,距今6000年以上。已发掘出46座房屋、200多个窖穴、6座陶窑遗址、250座墓葬,出土生产工具和生活用品约1万件,还有粟、菜籽遗存。1957年建成博物馆。

元斡尔垛遗址

  元斡尔垛遗址位于西安市东郊秦孟社村石家街仓库,为元代安西王府遗址。在出土遗址的过程中,考古人员意外发现了5块刻有6行6列阿拉伯数字的铁板。这5块铁板形状、大小均相同,上面均刻有阿拉伯数字,且神奇的是,这些数字无论是竖着还是横着抑或沿对角线相加,最后结果都相同。经过我国当时著名考古学家夏鼐先生研究后,认为其是阿拉伯数字码幻方,在古代又被称为"魔方"或"纵横图"。

终南山

　　终南山，简称南山，又名太乙山、地肺山、中南山、周南山，是秦岭山脉的一段。风景秀丽，极其幽雅，素有"仙都""洞天之冠"和"天下第一福地"的美称，是道教发祥地之一。据传当年老子过函谷关，骑青牛而去，就隐于终南山下。

华山

　　华山又称太华山，中国五岳之一。是著名的道教圣地，被尊为第四洞天。华山的山名，来自顶峰的形状，因为西峰翠云宫前有倒扣莲花花瓣石，像一朵莲花，所以叫花山，如《水经注》所说，远而望之若花状。而在古代，花通"华"，是通假字，再加上临近黄河，是华夏文明发源地，所以就改为"华山"了。

太白山

　　太白山位于陕西宝鸡眉县、太白县和西安市周至县境内，是秦岭山脉主峰，也是中国大陆青藏高原以东第一高峰。更是长江和黄河两大水系分水岭。同时还是著名的道教洞天神府，在道教三十六洞天中属第十一洞天——玄德洞天，历来是道教高士隐居修炼之地。太白山与道教的渊源很长，《汉书·地理志》谓之"太乙山"，据传说为太乙真人修炼之地；《录异记》载："金星之精，坠于终南圭峰之西，其精化白石若美玉，时有紫气复之，故名。"大概就是取太白金星之意称为"太白山"的。

首阳山

首阳山是秦岭北坡著名高峰。据史记载，商朝孤竹国二皇子伯夷、叔齐阻拦周武王伐纣，遭到无视，于是不食周粟，南行入山隐居，采薇而食。所隐居的山虽不甚高，但在群峰中却是最高的，每天清晨都是最先被朝阳照射，于是叹曰："奇哉美哉首阳山"，首阳山就由此得名。

骊山

骊山，又称"郦山"，是秦岭北侧的一个支脉。属西周时骊戎国国地，因而称为骊山。唐时临潼名昭应、会昌，骊山又随之改名为昭应山、会昌山。骊山东西绵亘25公里，南北宽13.7公里，因形似一匹骊驹而得名。《古迹志》云：骊山"崇峻不如太华，绵亘不如终南，幽异不如太白，奇险不如龙门，然而三皇传为旧居，娲圣既其出冶，周、秦、汉、唐以来，多游幸离宫别馆，绣岭温汤皆成佳境。"

药王山

药王山位于陕西铜川市，由5座形如五指的山峦组成，原名"五台山"。在唐时曾是药王孙思邈的隐居之所，故又称"药王山"。人们为了纪念这位为人类作出巨大贡献的医圣，便在药王山修庙建院，并在所建之庙院中为其雕像立碑，以示纪念，久而久之，药王山便成为医宗圣地。药王山景色迷人，远观山景，翠绿如屏中，殿宇绕山倚石，隐约可见，于秀丽之景中透着壮美。

华清池

华清池，亦名华清宫，位于西安临潼区骊山北麓，西距西安30公里，南依骊山，北临渭水，素来以温泉汤池著称。周、秦、汉、隋、唐历代统治者，都以华清池作为他们游宴享乐的行宫别苑，相传唐玄宗就曾在此和杨贵妃共浴。历代文人骚客如白居易、杜牧等人在诗作中均有提及。

滋水

滋水即现在的灞河，属于渭河的一个分支，发源于秦岭以北的蓝田县境内，流经灞桥区、未央区，在高陵县汇入渭河。在秦朝时，秦穆公称霸西戎，为显其威，便将滋水改为灞水，后人们又称灞河，并沿用至今。滋水风景幽美，站在由碧水托起的船上仰望蓝天白云，周围是茂密深绿的林木，远处群山巍巍，美丽景色让人心旷神怡。有名的灞桥便建于这幽幽的碧水之上。

羊肉泡馍

　　羊肉泡馍是我国陕西地区著名的风味小吃。它口味香醇，营养丰富，不仅好吃，来历也非同一般。据说宋朝开国皇帝赵匡胤在年少时，流浪街头，身上仅剩下两块干馍。路过一个羊肉汤馆，老板看他可怜，就送了他一碗羊肉汤，他把干馍掰碎，放到汤中，由此就成了羊肉泡馍。

石子馍

　　石子馍是陕西地区有名的风味小吃，因是将饼坯放在烧热的石子上烙制成的，因此叫石子馍，又称沙子馍、饽饽。在唐代石子馍又叫"石鏊饼"，陕西地区每年要给皇帝进贡，到了清代石子馍传入金陵，被称为"天然饼"。石子馍油酥咸香，富有丰富的营养价值，利于消化，且携带方便。

西安凉皮

　　西安凉皮是陕西著名小吃，口味独特，老少皆宜，近年更是走出陕西，闻名全国，受到各地人士的喜爱。西安凉皮种类繁多，因原料不同，又分为米皮和面皮两大类。现在西安凉皮以秦镇大米凉皮最受欢迎，历史悠久，可上溯至秦代，是当时秦镇一带百姓给朝廷进贡的贡品。

荞面饸饹

荞面饸饹，陕西名小吃之一，饸饹古称"河漏"，距今已有600多年历史。主要原料为新鲜荞麦，其特点是色黑条细，筋韧爽滑，挑起来不断条，清香利口。将精制荞麦粉用温水和成面团，取适量的面团放入饸饹床内压入开水锅中，煮熟后捞入温水盆中，食用时加入肉汤、素汤、杂酱等汤料拌食即可。冬可热吃，夏可凉吃，有健胃消暑的功效。

水晶饼

水晶饼是陕西地区一种传统小吃，特色是金面银帮，起皮掉酥，凉舌渗齿，甜润适口。水晶饼因馅晶莹透亮，犹如水晶而得其名。水晶饼以西安德懋恭生产的最为有名，并且在清朝时，被慈禧定为"贡品"。据传它跟北宋时为官清廉的寇准还有很深的渊源。

贵妃鸡翅

贵妃鸡翅属陕西的传统名菜，通常做法是用鸡翅加各种佐料翻炒而成。做成后的贵妃鸡翅口感细嫩柔滑，香味独到纯正，令人回味悠长。据说，杨贵妃一生穷极奢华，对吃的讲究亦是达到登峰造极之地步。她一生独爱吃两种食物，一种为荔枝，另一种便是这贵妃鸡翅了。

太后饼

太后饼是陕西名小吃之一，其名来源于汉文帝之母薄太后。制作时先取面粉加水和成面团，再将面团揪成面剂，用手将面剂按平后擀成长形面片，再在上面抹上一层油荤，将其卷成圆柱形后搓成长条，经过反复折叠后再揪成小剂，制成饼坯。最后在饼坯上刷上一层蜂蜜水或鸡蛋液，放入烤炉中烘烤。烘烤后的太后饼外皮金黄、油润酥脆、内层绵软、咸香适口，富含动物脂肪酸等营养素。

烩麻食

烩麻食是西安特有的一种小吃，由面制成的一种面点。先用大拇指将面搓卷成核形中间空心的面卷，再和炒菜一起烩制而成。制造烩麻食非常简单，麻食和炒菜的配料没有严格的规定和讲究，人们在做烩麻食时可以根据自己的口味来制作，麻面可精可细，炒菜则可荤可素。

Biangbiang面

Biangbiang面是陕西的著名面食之一，又名裤带面，是用关中麦子磨成的面粉，手工擀成长宽厚的面条，用酱油、味精、花椒、醋等佐料调入面汤，捞入面条，再加淋上猪油，加入腊汁肉、辣子等即成。

Biangbiang面之所以出名是因为"Biang"这个字，不过它的味道也的确不错，如果您来西安旅游一定不要忘记吃上一碗。

黄桂稠酒

西安黄桂稠酒是中国古代传承佳酿，是陕西八大名贵特产之一。西安稠酒具有状如牛奶、色白如玉、汁稠醇香、绵甜适口等特点，虽然叫酒，但其酒精含量不到15%，喝起来又不乏酒的香醇之味。